큰 그림, 큰 글씨로 배우는

파워포인트 2010

눈이 편한 파워포인트 2010

ISBN 978-89-314-4615-9

독자님의 의견을 받습니다.

이 책을 구입한 독자님은 영진닷컴의 가장 중요한 비평가이자 조언가입니다. 저희 책의 장점과 문제점이 무엇인지, 어떤 책이 출판되기를 바라는지, 책을 더욱 알차게 꾸밀 수 있는 아이디어가 있으면 팩스나 이메일, 또는 우편으로 연락주시기 바랍니다. 의견을 주실 때에는 책 제목 및 독자님의 성함과 연락처(전화번호나 이메일)를 꼭 남겨 주시기 바랍니다. 독자님의 의견에 대해 바로 답변을 드리고, 또 독자님의 의견을 다음 책에 충분히 반영하도록 늘 노력하겠습니다.

이메일 _ support@youngjin.com
주 소 _ (우)08505 서울시 가산디지털2로 123 월드메르디앙벤처센터2차 10층 1016호 (주)영진닷컴

만든 사람들

저자 _ 김미영 ｜ **기획** _ 기획 1팀 ｜ **총괄** _ 김태경 ｜ **진행** _ 김연희
내지 디자인 _ 영진닷컴 디자인팀 ｜ **표지 디자인** _ 영진닷컴 디자인팀 지화경

이 책의 구성

이 책은 15차시로 이루어졌으며 다음과 같은 요소들로 구성되어 있습니다.

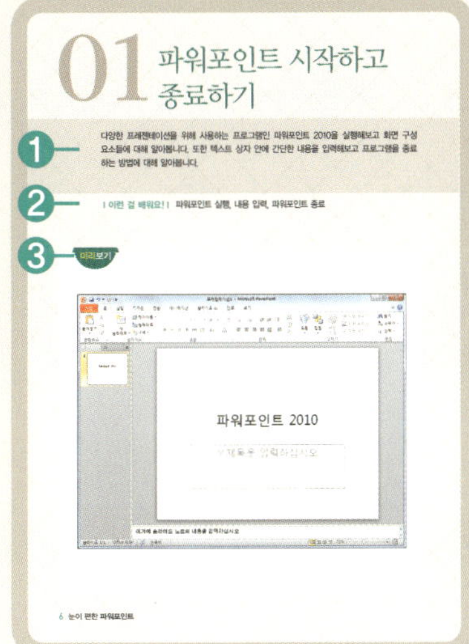

❶ 배울 내용

각 차시에서 배우게 되는 내용에 대해 간략하게 설명하고 학습 방향을 제시합니다.

❷ 이런 걸 배워요!

따라하기를 통해 어떤 기능을 학습하게 될지 간략하게 살펴봅니다. 배울 내용을 미리 알아두면 훨씬 쉽고 재미있게 학습할 수 있습니다.

❸ 미리보기

각 차시에서 배우게 되는 예제의 완성된 모습을 미리 확인할 수 있습니다.

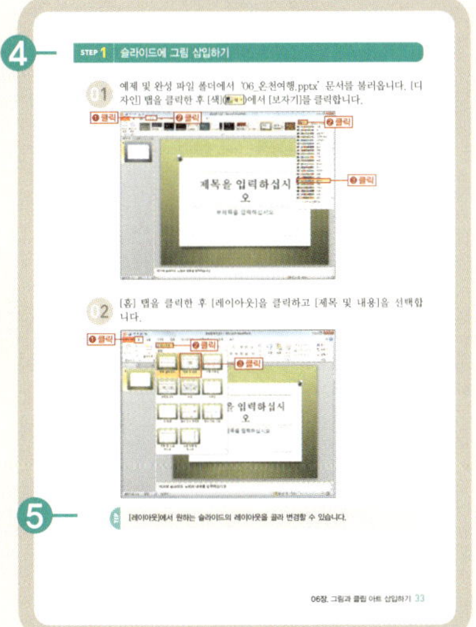

❹ 따라하기

예제를 만드는 과정과 방법을 순서대로 보면서 쉽게 따라할 수 있습니다.

❺ TIP

본문에서 설명하지 않은 내용 중 중요하거나 알아두면 좋은 내용 등을 정리하였습니다.

❻ 연습문제

해당 차시에서 배운 내용을 토대로 좀더 응용된 예제를 조금씩 다른 난이도로 만들어 배운 기능을 한 번 더 다질 수 있도록 하였습니다.

❼ Hint

연습문제를 학습할 때 필요한 참고 내용을 담았습니다.

이 책의 목차

01 파워포인트 시작하고 종료하기

다양한 프레젠테이션을 위해 사용하는 프로그램인 파워포인트 2010을 실행해보고 화면 구성 요소들에 대해 알아봅니다. 또한 텍스트 상자 안에 간단한 내용을 입력해보고 프로그램을 종료하는 방법에 대해 알아봅니다.

| 이런 걸 배워요! | 파워포인트 실행, 내용 입력, 파워포인트 종료

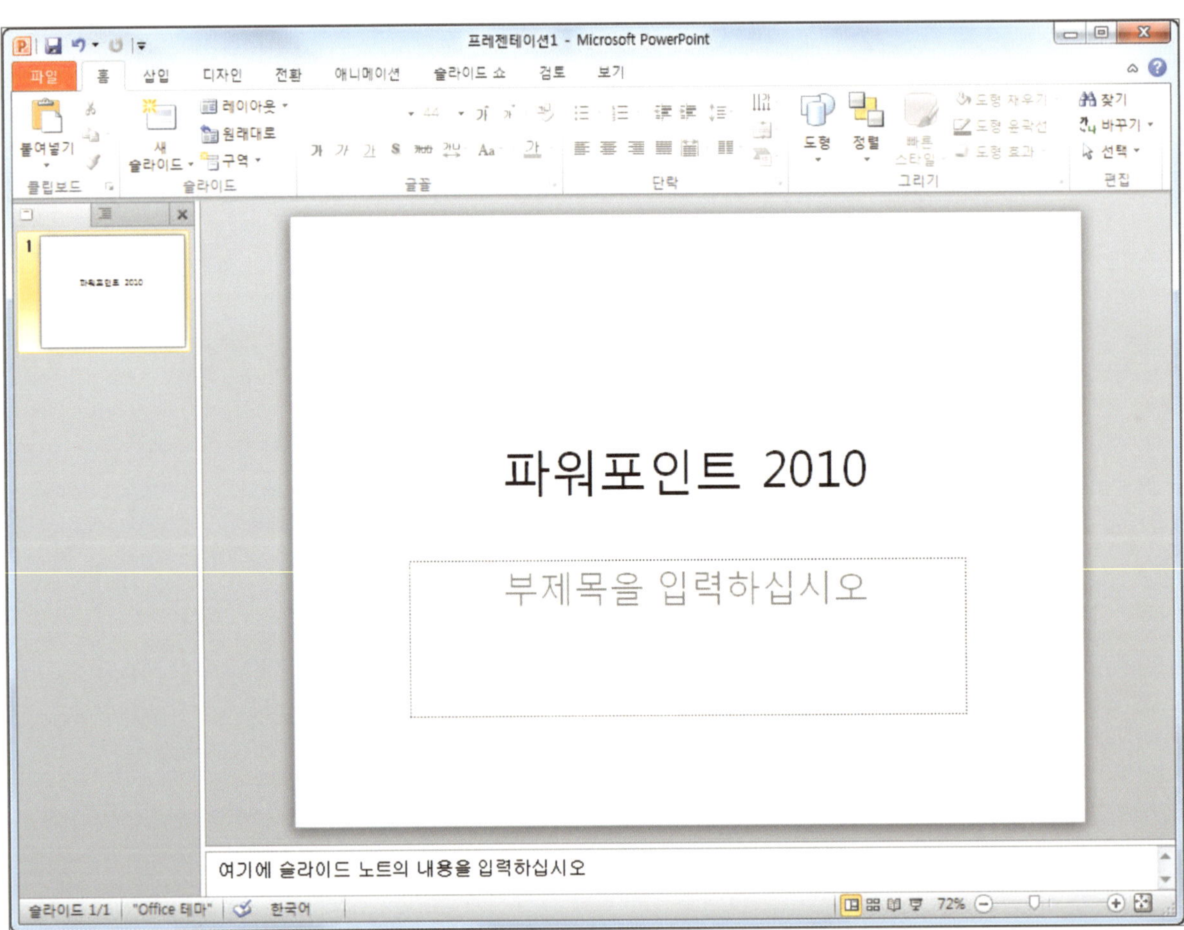

01 [시작]( ) 단추를 클릭하고 [모든 프로그램]-[Microsoft Office]-[Microsoft PowerPoint 2010]을 클릭합니다.

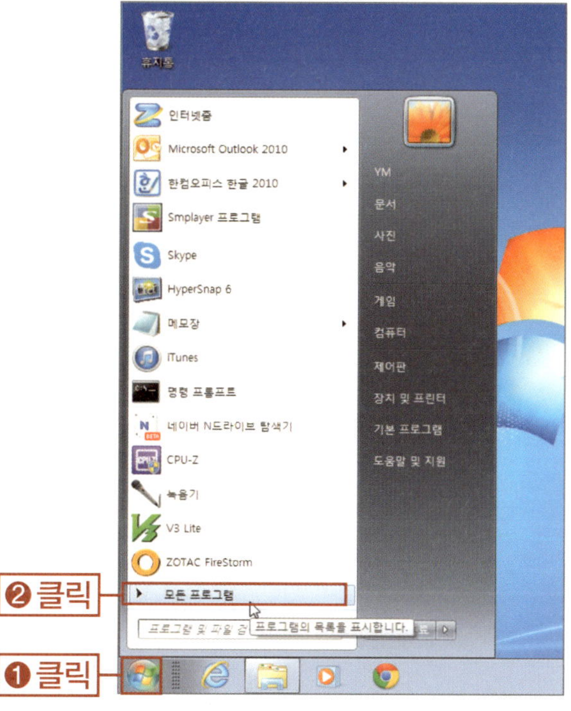

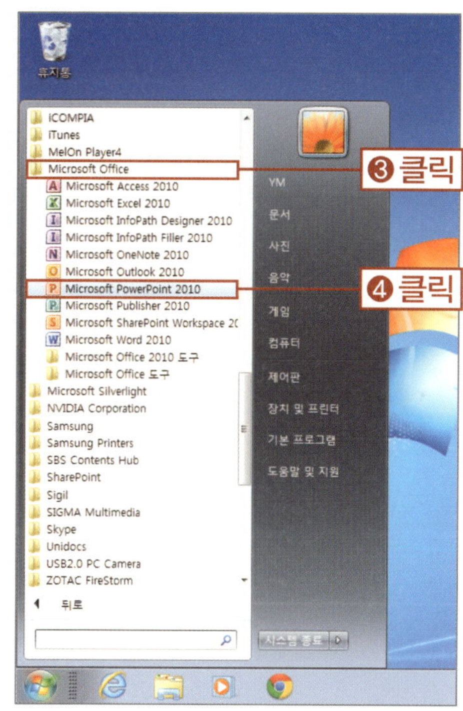

TIP 윈도우의 바탕 화면에 [Microsoft PowerPoint 2010]의 바로 가기 아이콘( )이 있으면 더블 클릭해 실행해도 됩니다. 또한 작업 표시줄에 [Microsoft PowerPoint 2010]의 바로 가기 아이콘( )이 있으면 클릭해 실행할 수도 있습니다.

02 파워포인트 2010 프로그램이 실행되어 시작 화면이 나타납니다.

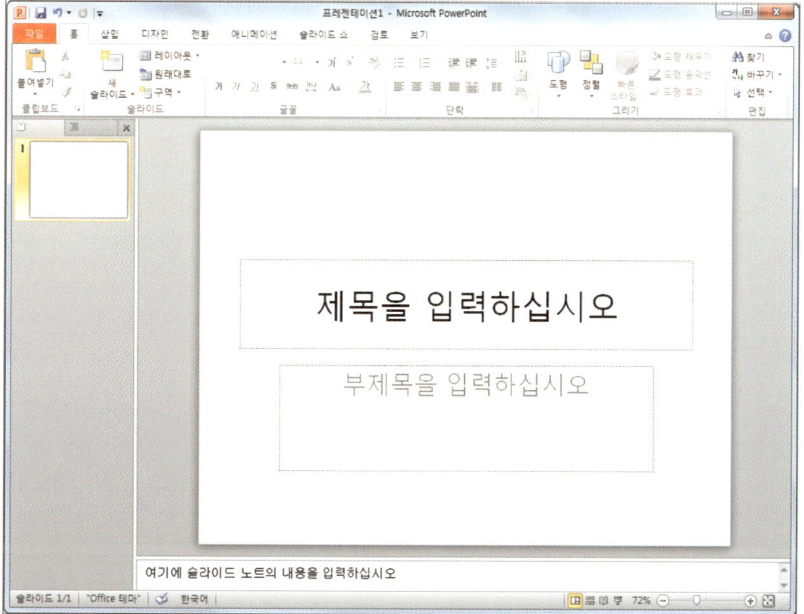

03 제목 슬라이드에서 '제목을 입력하십시오'라는 부분을 클릭해 커서가 나타나면 '파워포인트 2010'을 입력합니다. 입력이 끝나면 [파일] 탭을 클릭합니다.

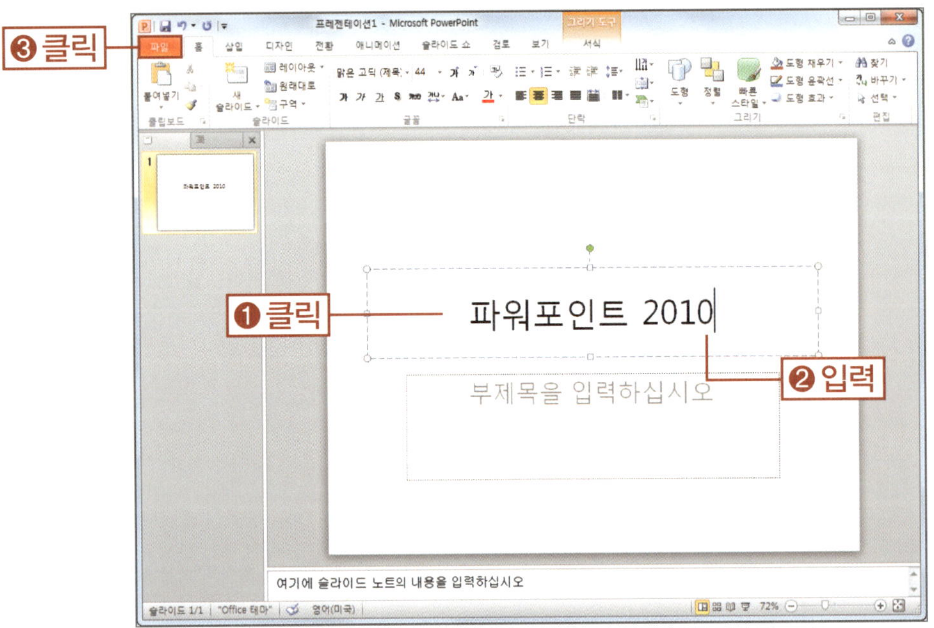

TIP 글 상자 안에서 마우스 포인터가 화살표 모양에서 'I' 모양으로 바뀌었을 때 클릭하면 커서가 나타납니다. 입력이 완료되면 글상자의 테두리가 투명하게 처리되어 보이지 않습니다.

04 백 스테이지 창이 나타나면 [끝내기]를 클릭합니다. 내용을 입력하였으므로 문서를 저장할지 묻는 상자가 나타나면 [저장 안 함]을 클릭합니다.

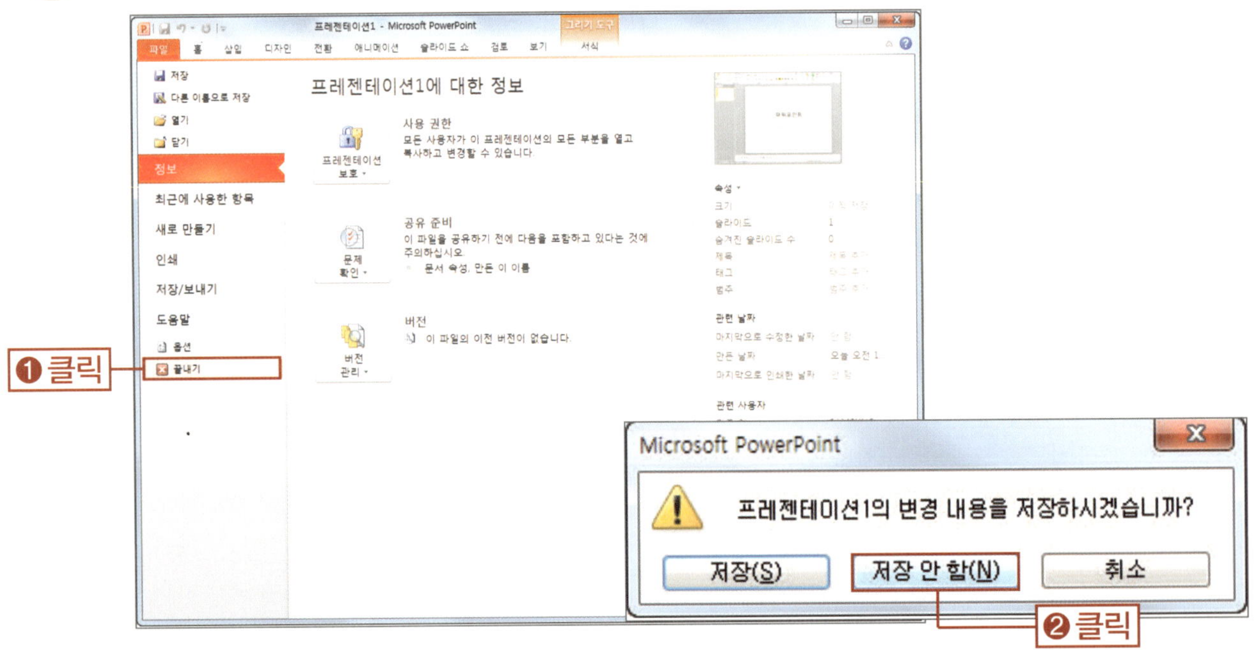

TIP 제목 표시줄 오른쪽의 [닫기](✕)를 클릭해도 파워포인트를 종료할 수 있습니다.

01 윈도우의 바탕 화면에서 [Microsoft PowerPoint]의 바로 가기 아이콘(P)을 더블 클릭해 파워포인트 2010을 실행해보고 [닫기](x)를 클릭해 프로그램을 종료해 보세요.

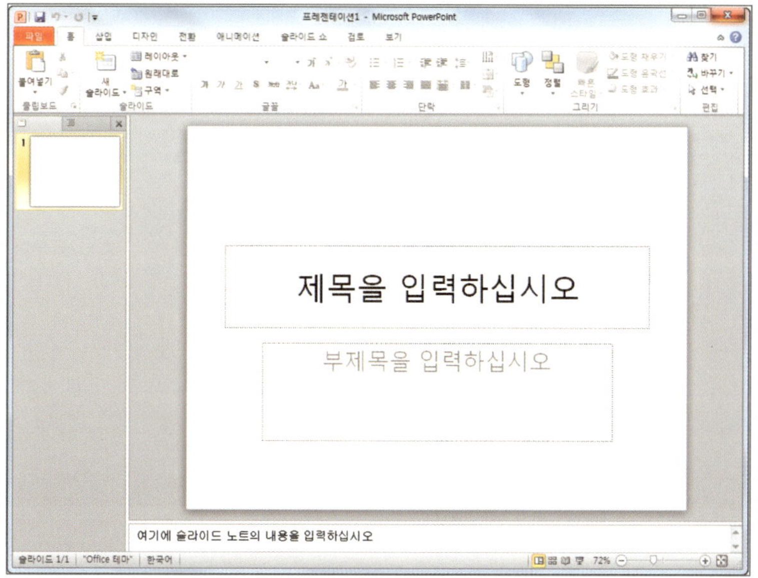

HINT 바탕 화면에서 [Microsoft PowerPoint] 바로 가기 아이콘(P)을 더블 클릭→[닫기](x) 클릭

02 시작 단추를 클릭하고 시작 메뉴를 이용해 파워포인트 2010 프로그램을 실행하고 첫 슬라이드에 다음과 같이 내용을 입력한 후 저장하지 않고 종료해 보세요.

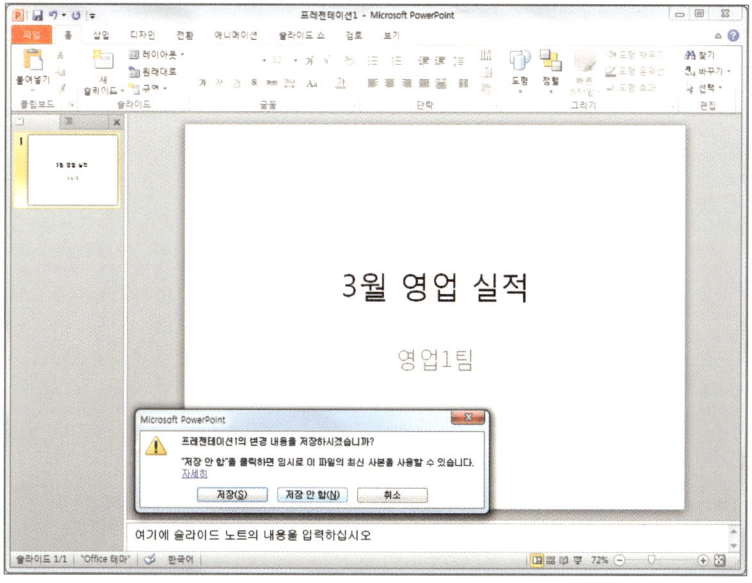

HINT [시작]( ) 단추 클릭→[모든 프로그램]–[Microsoft Office]–[Microsoft PowerPoint 2010] 클릭→글 상자 안을 클릭해 내용 입력→[파일] 탭–[끝내기] 클릭→[저장 안 함] 클릭

02 작성한 문서 저장하고 열기

파워포인트는 여러 개의 슬라이드가 모여 하나의 문서가 됩니다. 작성한 슬라이드를 문서로 저장해두면 나중에 다시 불러와 내용을 확인하거나 인쇄하는 등 활용할 수 있습니다. 이번 장에서는 문서를 작성한 후 컴퓨터의 내 폴더 안에 저장해보고 저장된 문서를 다시 불러오는 법을 배워봅니다.

ㅣ이런 걸 배워요!ㅣ 새 슬라이드 작성, 문서 저장, 문서 열기

미리보기

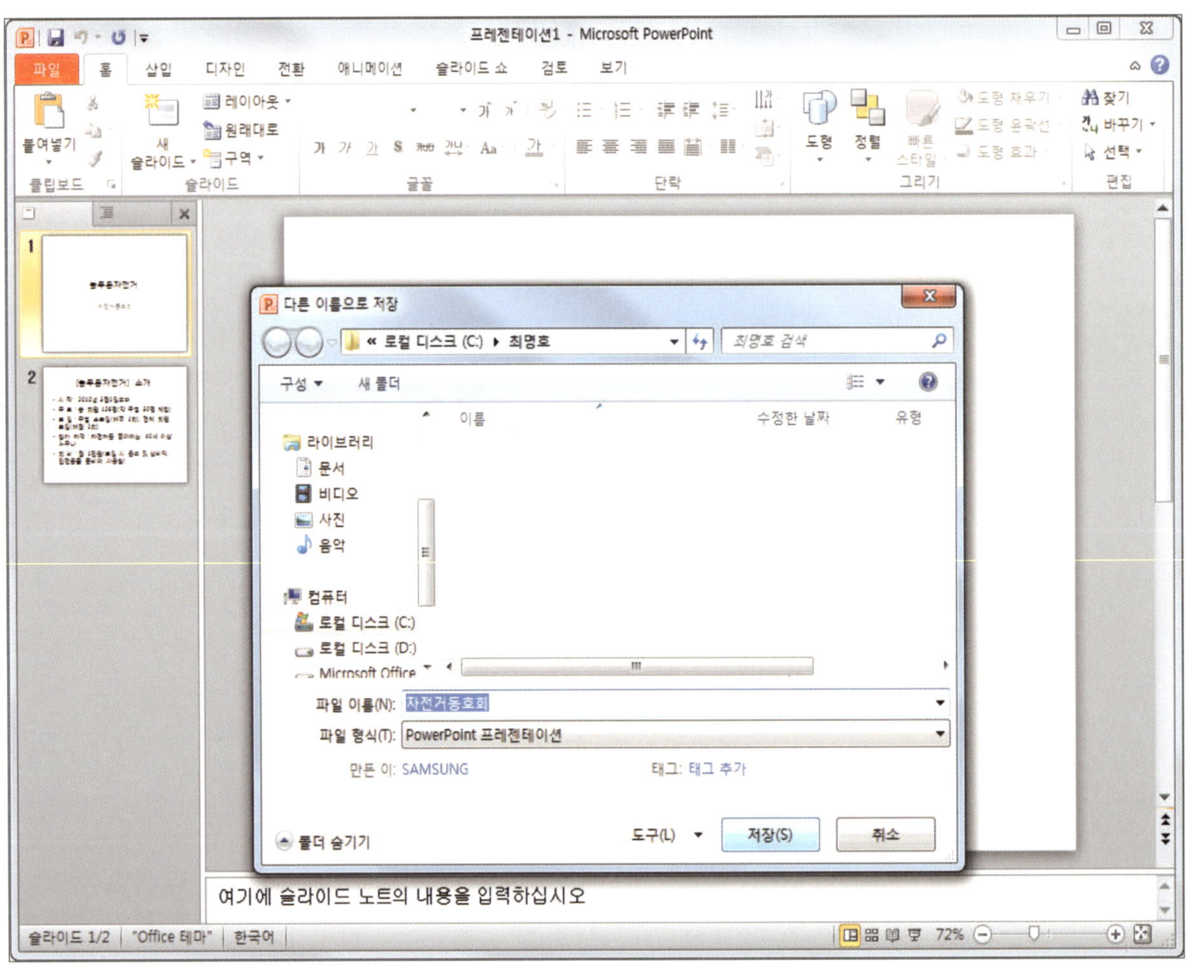

01 파워포인트를 실행해 제목 슬라이드가 나타나면 다음과 같이 내용을 입력합니다. 다음으로 내용 슬라이드를 열기 위해 [홈] 탭의 리본 메뉴에서 슬라이드 그룹의 [새 슬라이드]()를 클릭합니다.

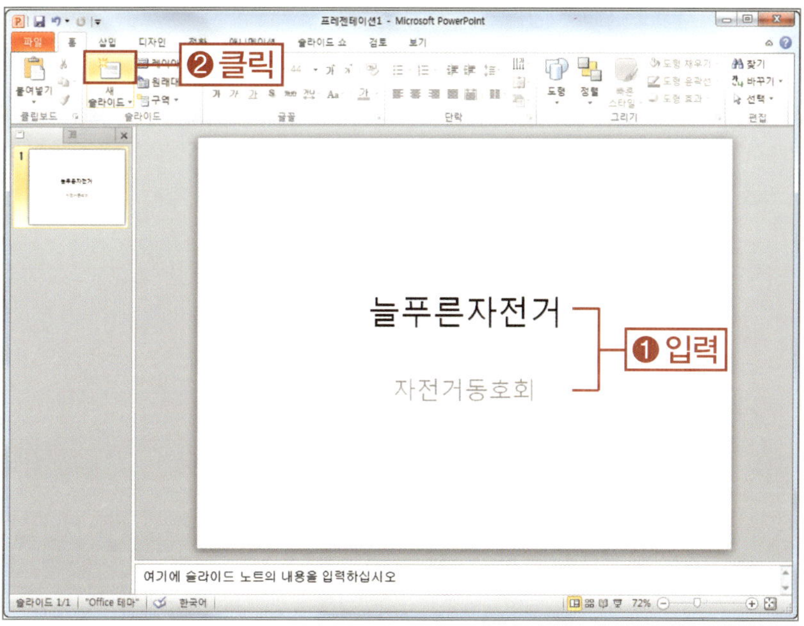

TIP [새 슬라이드]의 아래쪽 부분()을 클릭하면 슬라이드 종류가 나타나는데 여기서 [제목 및 내용]을 선택해도 됩니다.

02 ‘슬라이드 2’가 나타나면 텍스트 상자 안을 클릭해 다음과 같이 제목과 내용을 각각 입력합니다.

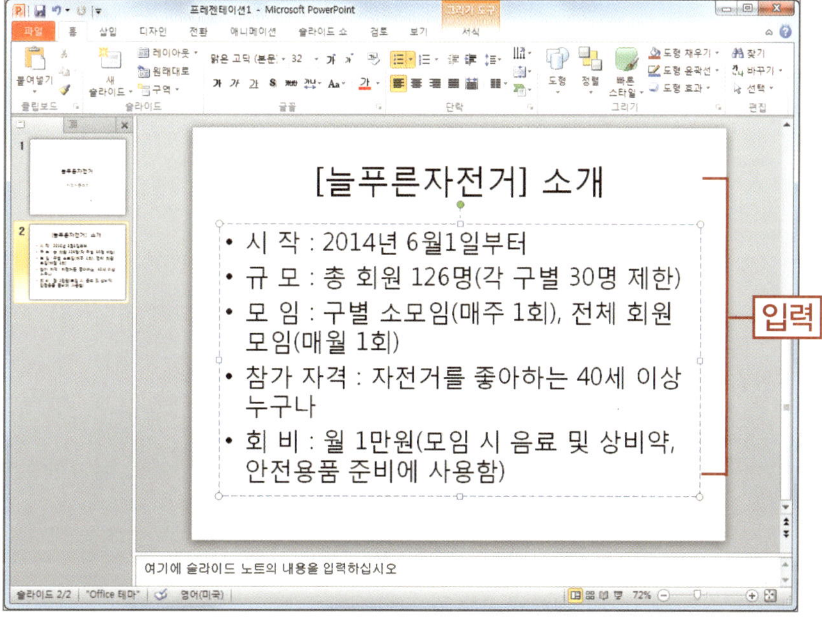

03 [빠른 실행 도구 모음]에서 [저장](📖)을 클릭합니다. [다른 이름으로 저장] 대화상자가 나타나면 저장할 위치를 지정하기 위해 왼쪽 영역에서 저장할 드라이브를 클릭하고 [새 폴더]를 클릭합니다.

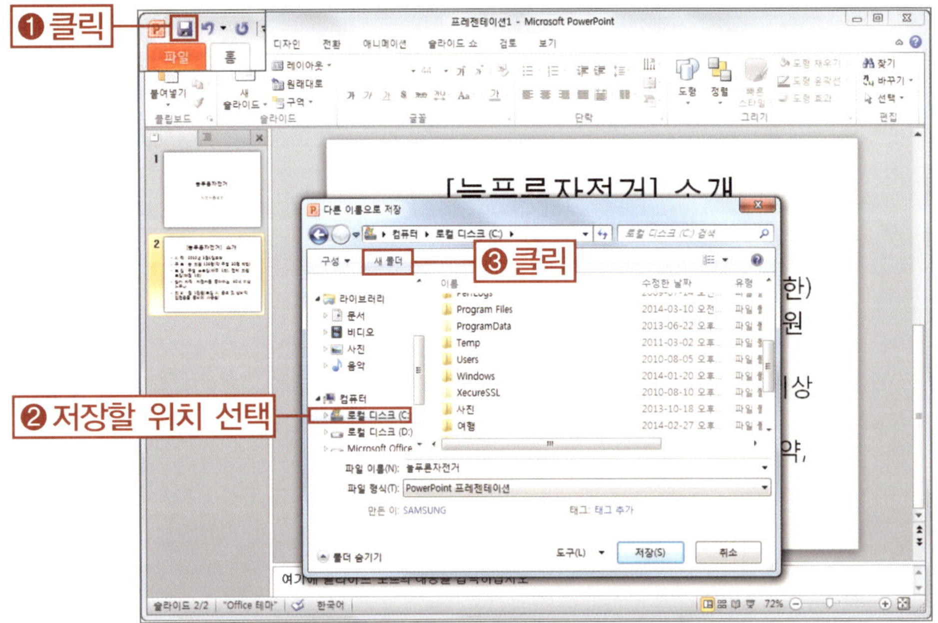

TIP 여기서는 C드라이브 아래에 새 폴더를 만들어 사용하기 위해 [로컬 디스크(C:)]를 클릭한 후 [새 폴더]를 클릭하였습니다. 저장할 폴더가 이미 있는 경우에는 그 폴더를 찾아 더블 클릭하면 됩니다.

04 새 폴더가 나타나면 자기 이름을 입력한 후 Enter 를 누릅니다. 새로운 이름이 지정되면 폴더 안으로 이동하기 위해 폴더를 더블 클릭합니다.

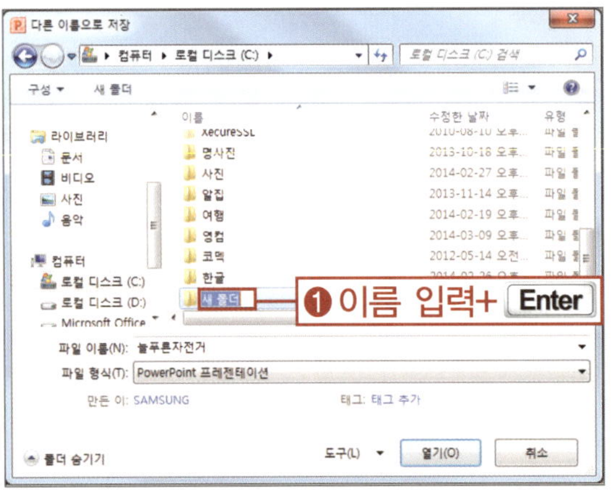

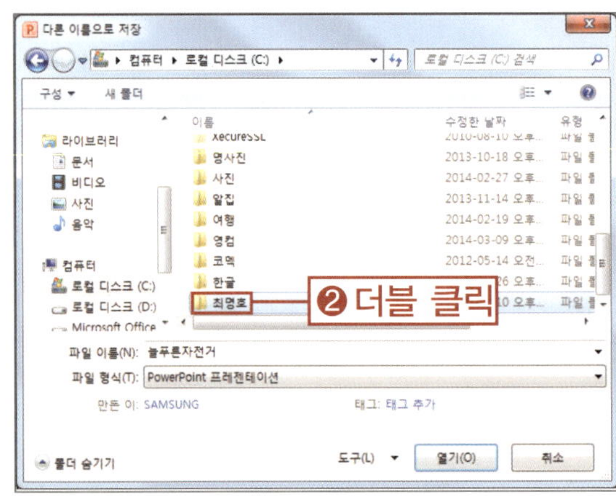

05 대화상자 위쪽의 현재 위치가 새로 만든 폴더로 지정된 것을 확인합니다. [파일 이름]에 '자전거동호회'를 입력한 다음 [저장]을 클릭합니다.

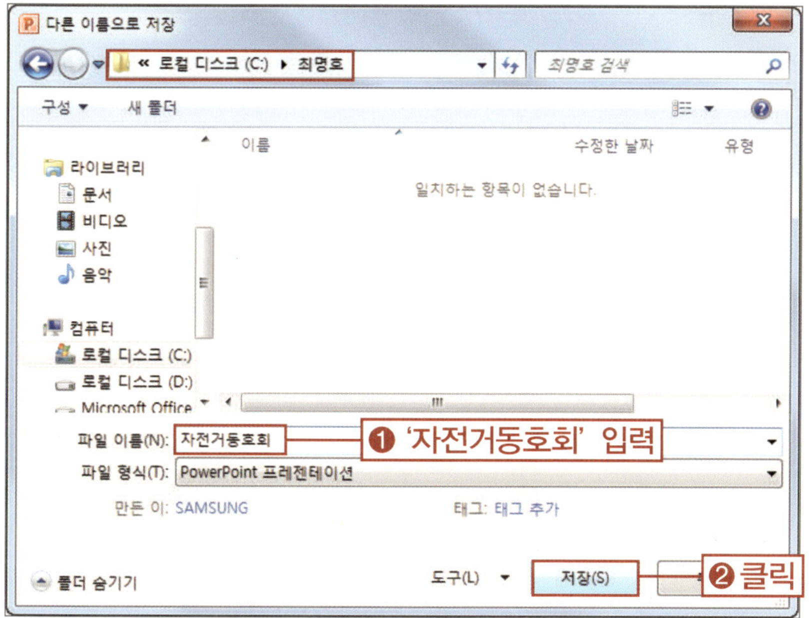

TIP [파일 이름]에는 기본적으로 문서의 첫 줄 내용이 자동으로 입력되며, 문서 저장 시에 사용자가 원하는 이름으로 변경할 수 있습니다.

STEP 3　문서 닫기와 저장된 문서 열기

06 프로그램은 종료하지 않고 현재 문서만 닫기 위해 [파일] 탭을 클릭하고 백 스테이지 창에서 [닫기]를 클릭합니다.

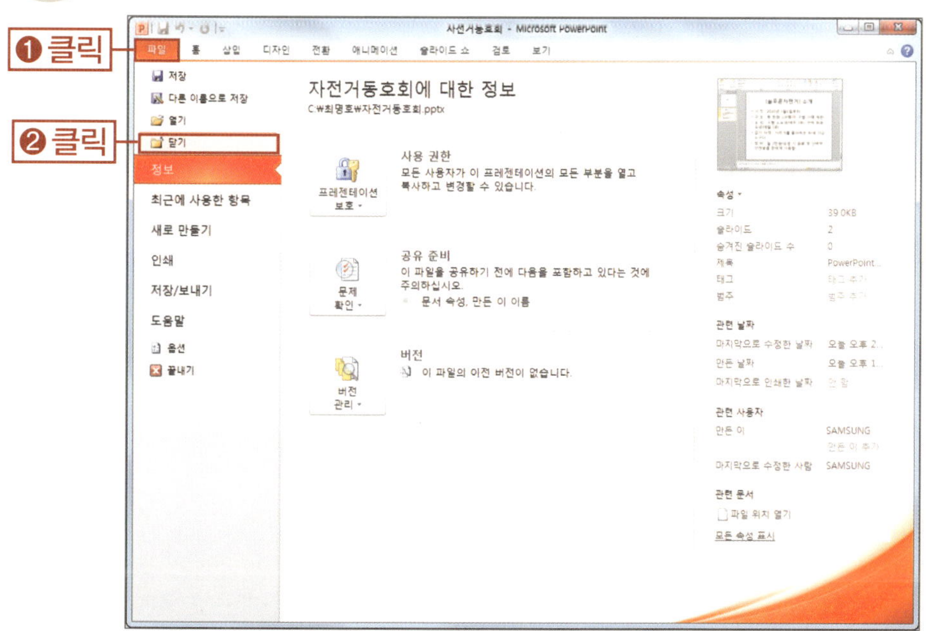

TIP 문서 열기 연습을 하기 위해 우선 작성된 문서를 닫도록 합니다.

07 문서가 닫힙니다. 이제 문서를 열기 위해 [파일] 탭을 클릭하고 [열기]를 선택합니다.

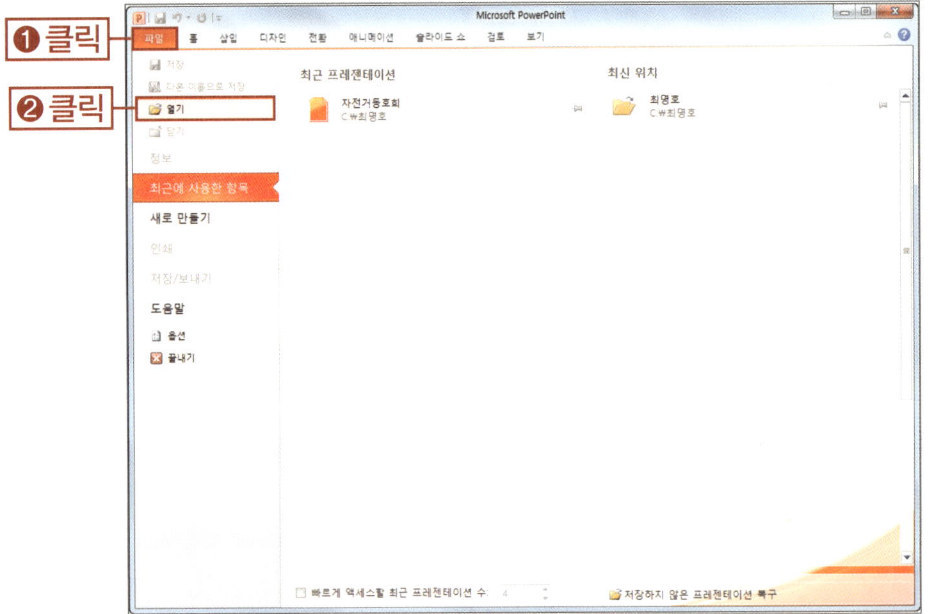

> **TIP** 최근에 사용했던 문서는 [최근 프레젠테이션]에 나타나므로 클릭해서 바로 실행하면 편리합니다. 또 [최신 위치]에는 최근에 사용한 폴더 목록이 나타나므로 클릭해 해당 폴더로 바로 이동할 수도 있습니다.

08 [열기] 대화상자가 나타나면 왼쪽 영역에서 문서가 저장된 드라이브 아래의 폴더를 더블 클릭합니다. 선택한 폴더의 내용이 오른쪽에 보이면 문서를 선택한 후 [열기]를 클릭해 문서를 엽니다.

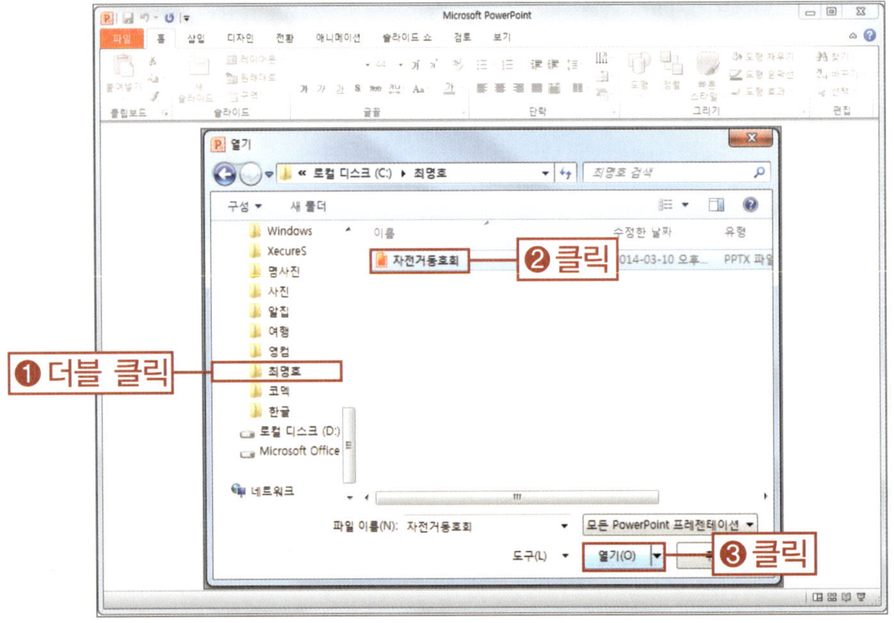

> **TIP** 기존 문서를 열지 않고 새 문서를 작성할 때는 [파일] 탭을 클릭하고 [새로 만들기]를 선택합니다. [새 프레젠테이션]–[만들기]의 순으로 클릭하면 새 문서가 열립니다.

01 다음과 같이 두 개의 슬라이드로 된 문서를 작성한 후 자기 이름 폴더 아래에 '건강 운동법'으로 저장해 보세요.

내 몸을 살리는 건강 운동법

부위별, 증상별 운동 방법 소개

<부위별 운동법>

- 허리운동
- 목과 머리운동
- 어깨운동
- 팔운동
- 허벅지운동
- 골반운동
- 손목과 발목운동

HINT [파일] 탭–[새로 만들기] 클릭→[새 프레젠테이션]–[만들기] 클릭→슬라이드1 입력→[새 슬라이드]( ) 클릭→슬라이드2 입력→[저장]( ) 클릭→폴더 위치 확인 후 파일 이름(건강 운동법) 입력→[저장] 클릭

02 위 1번의 문서를 닫은 다음 [열기] 메뉴를 이용해 문서를 다시 열어 보세요.

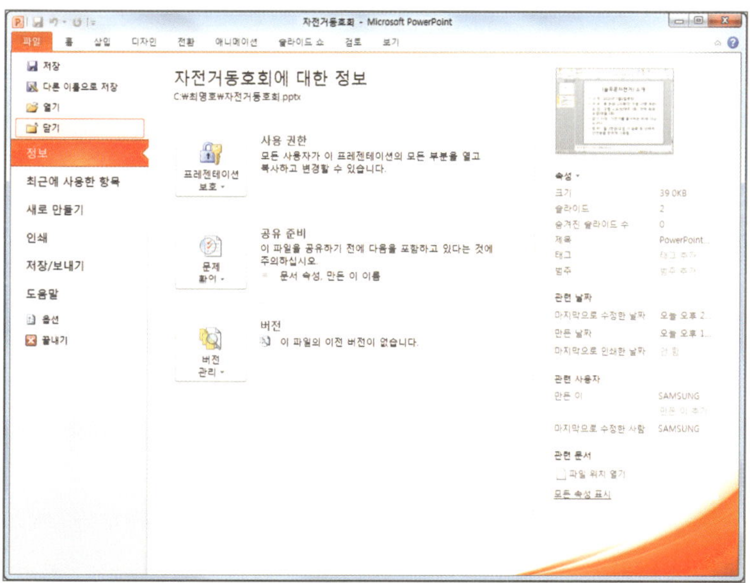

HINT [파일] 탭 클릭→[닫기] 클릭→[파일] 탭 클릭→[열기] 클릭→[열기] 대화상자에서 '건강 운동법' 파일 선택→[열기] 클릭

03 슬라이드 글꼴 스타일 설정하기

슬라이드에 입력되는 글자는 색이나 크기, 글꼴 등을 사용자가 문서의 성격에 맞도록 수정할 수 있습니다. 또한 선택한 문자를 굵게 표시하거나 그림자, 밑줄 등의 속성을 설정하면 내용을 강조할 수도 있습니다. 글꼴 스타일을 설정해 봅니다.

Ⅰ이런 걸 배워요!Ⅰ 글꼴 설정, 글꼴 색, 글꼴 크기, 글꼴 속성 설정

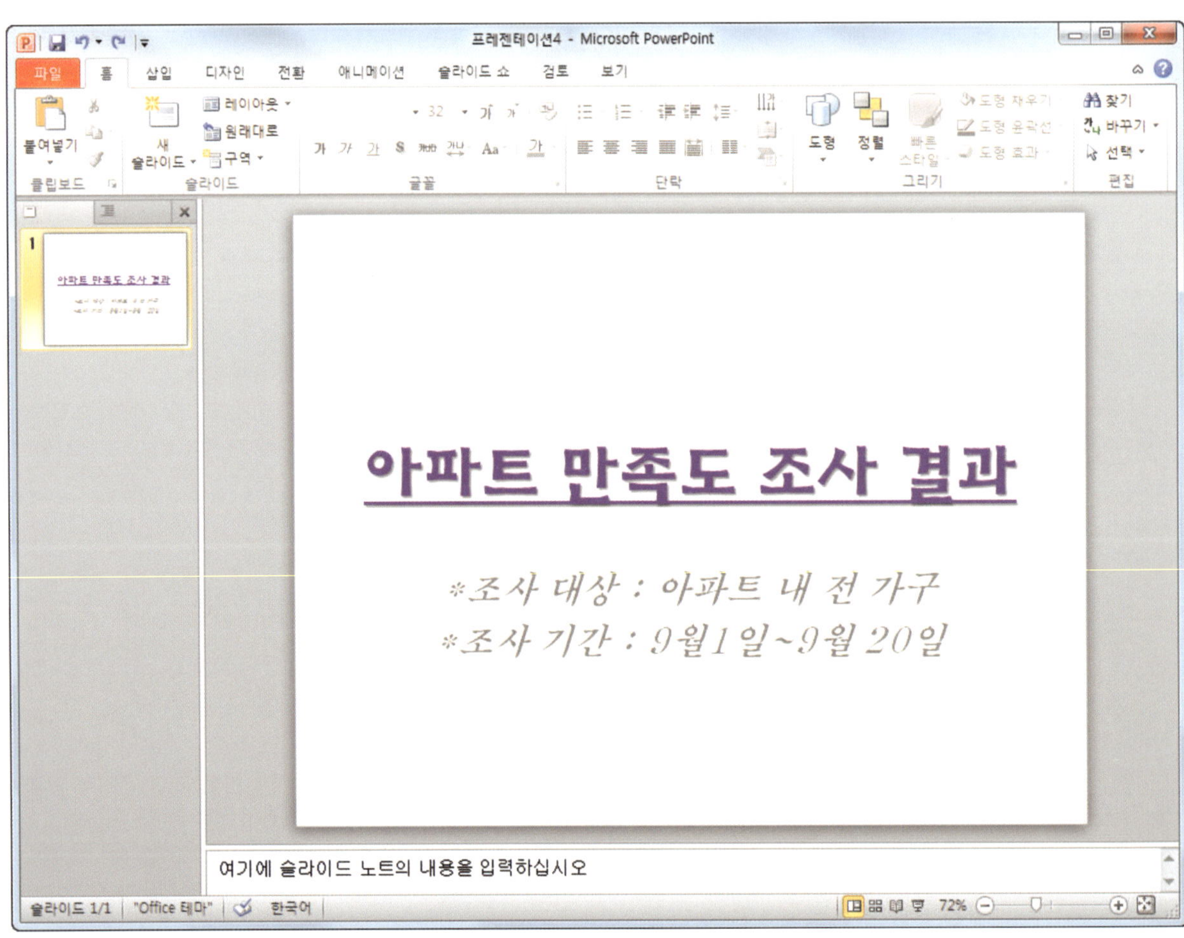

01 새 문서에서 두 개의 텍스트 상자 안을 각각 클릭해 다음과 같이 입력합니다. 이후 제목을 마우스로 드래그해 범위를 지정합니다.

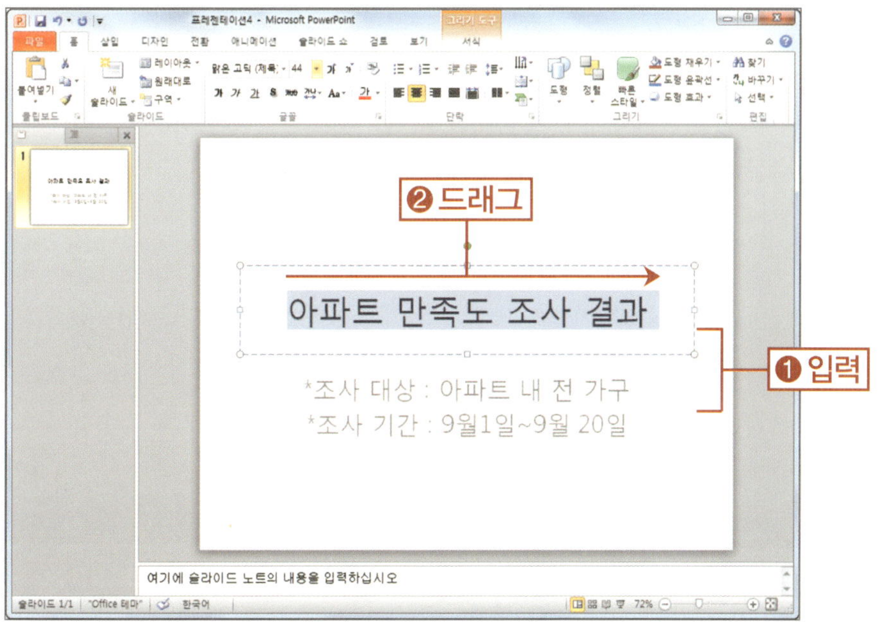

> **TIP** 범위를 지정할 때는 마우스의 왼쪽 단추를 누른 채로 마우스를 오른쪽으로 이동하여 원하는 내용이 범위로 지정되었을 때 놓으면 됩니다.

02 [홈] 탭에서 글꼴 크기의 목록 단추(▼)를 클릭합니다. 글꼴 크기 목록이 나타나면 [54]를 클릭합니다.

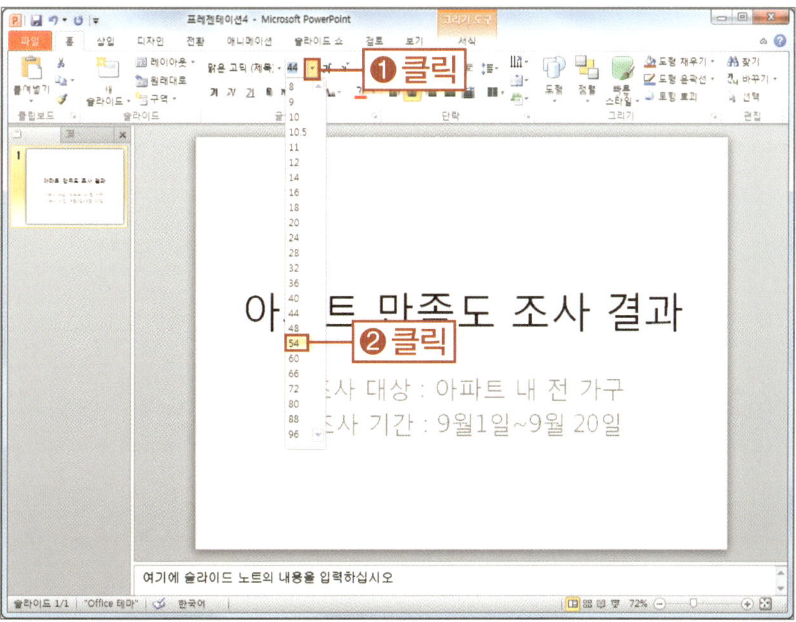

> **TIP** 마우스를 목록 위로 가져가면 지정된 범위 안의 글자 크기가 실시간으로 바뀌므로 미리 크기를 확인할 수 있습니다.

03 이번에는 글꼴의 목록 단추(▾)를 클릭하고 'HY산B'를 클릭해 제목의 글꼴을 변경합니다.

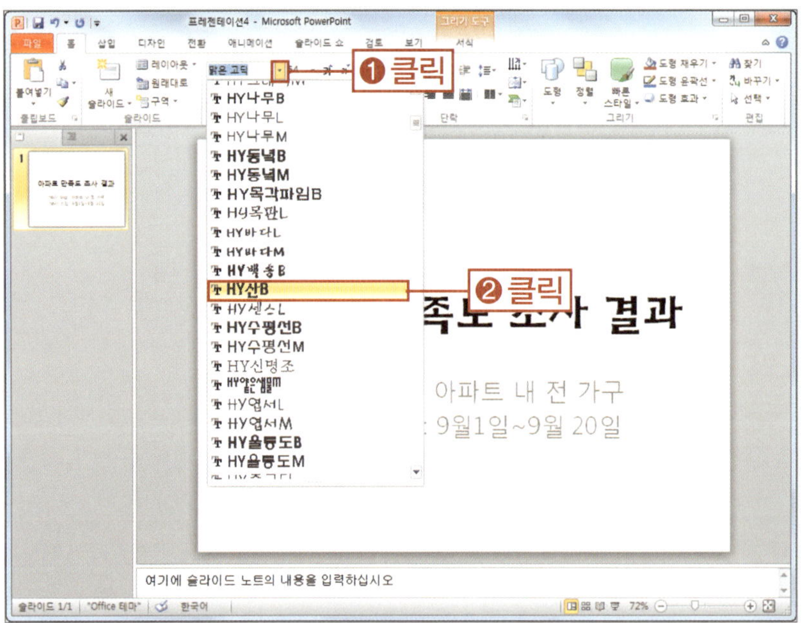

04 범위가 지정된 상태에서 [글꼴 색](가▾)의 목록 단추(▾)를 클릭하고 색상표가 나타나면 [자주]를 클릭합니다.

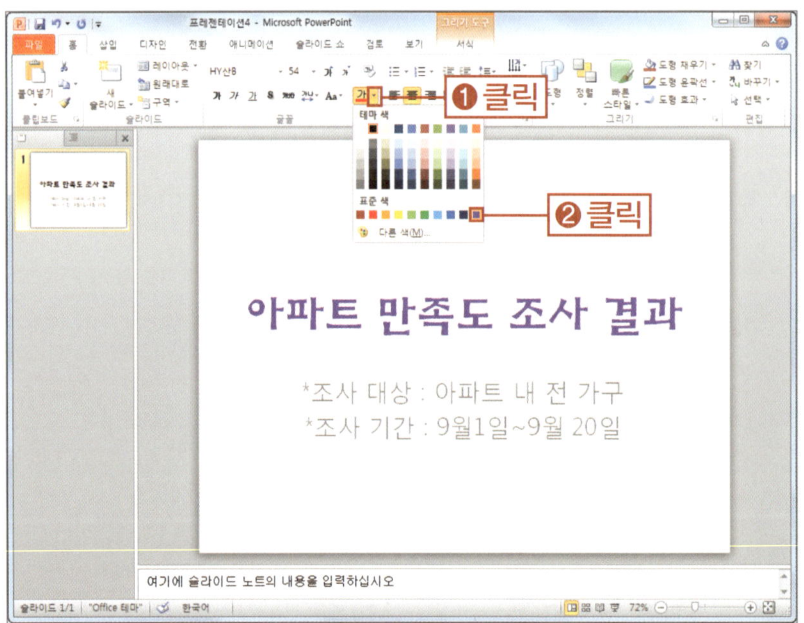

TIP [글꼴 색](가▾)의 목록 단추(▾)를 클릭하지 않고 [글꼴 색](가)을 바로 클릭하면 색상표가 나타나지 않고 범위 안의 글자가 바로 현재 보이는 색으로 변경됩니다.

05 제목의 범위가 지정된 상태에서 [홈] 탭의 [밑줄](가)을 클릭한 후 [텍스트 그림자](S)를 클릭해 지정합니다.

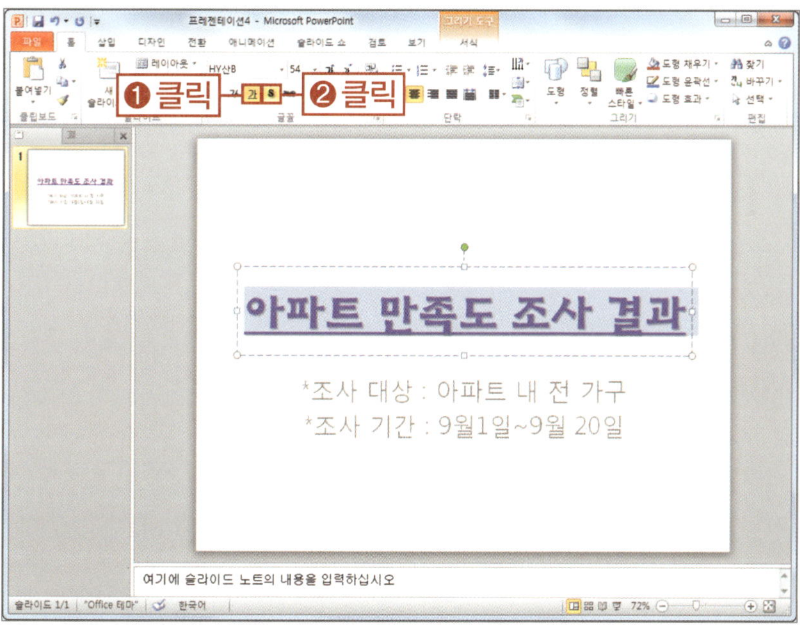

> **TIP** [굵게], [기울임꼴], [밑줄], [취소선] 등의 도구 단추는 클릭하면 속성이 지정되고 다시 클릭하면 속성이 해제됩니다.

06 아래쪽 텍스트 상자의 글을 드래그해 범위를 지정한 후 글꼴의 목록 단추(▼)를 클릭하여 'HY견명조'를 선택하고 [기울임꼴](가)을 클릭합니다.

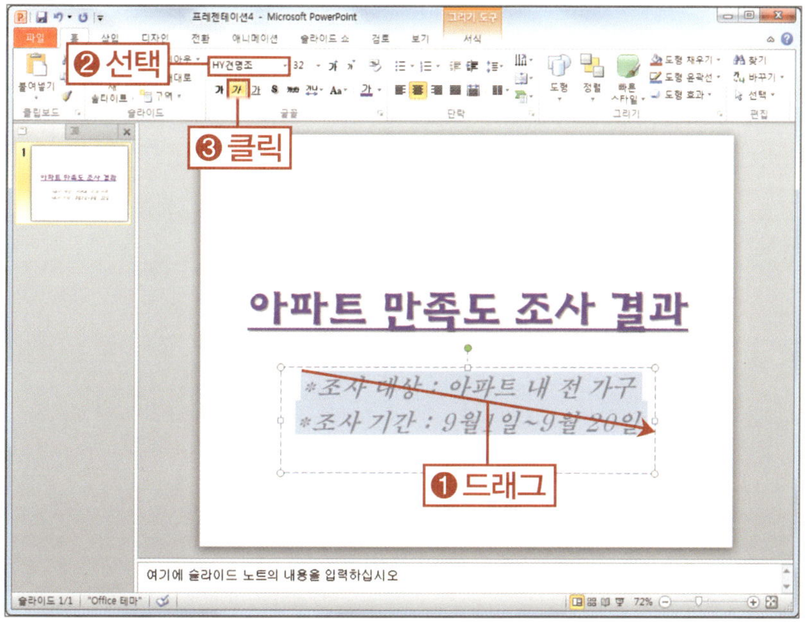

> **TIP** [홈] 탭의 [글꼴] 그룹에서 [모든 서식 지우기](♦)를 클릭하면 지정된 범위 안의 서식 설정을 한 번에 해제할 수 있습니다.

01 새 문서에서 제목 슬라이드에 다음과 같이 내용을 입력하고 글꼴 서식을 설정해 보세요.

 내용 입력→제목: HY수평선B, 54, [텍스트 그림자](s), (파랑, 강조 1, 25% 더 어둡게) 지정-부제목: 휴먼편지체, 32, [굵게](가), [밑줄](과), (빨강, 강조 2, 25% 더 어둡게) 지정→'*' 표시: (주황, 강조 6) 지정

02 새 슬라이드를 열고 내용을 입력한 후 다음과 같이 글꼴 서식을 설정해 보세요.

 내용 입력→제목: HY크리스탈M, 48, 텍스트 그림자(s), (황록색, 강조 3, 50% 더 어둡게) 지정-내용: HY나무B, 36, (진한 파랑), (파랑), 기울임꼴(가) 지정

04 디자인 테마로 문서 꾸미기

슬라이드를 꾸미는 데에는 슬라이드 배경 색이나 그림, 글꼴 서식 등을 일관되게 지정해야 합니다. 파워포인트 2010은 이와 같은 기능들을 여러 가지 주제의 테마로 만들어 제공하므로 사용자는 클릭만으로 슬라이드에 멋진 테마를 적용해 활용할 수 있습니다. 파워포인트의 다양한 테마를 살펴보고 적용해 봅니다.

Ⅰ 이런 걸 배워요! Ⅰ 디자인 테마 적용, 테마 색상 변경

미리보기

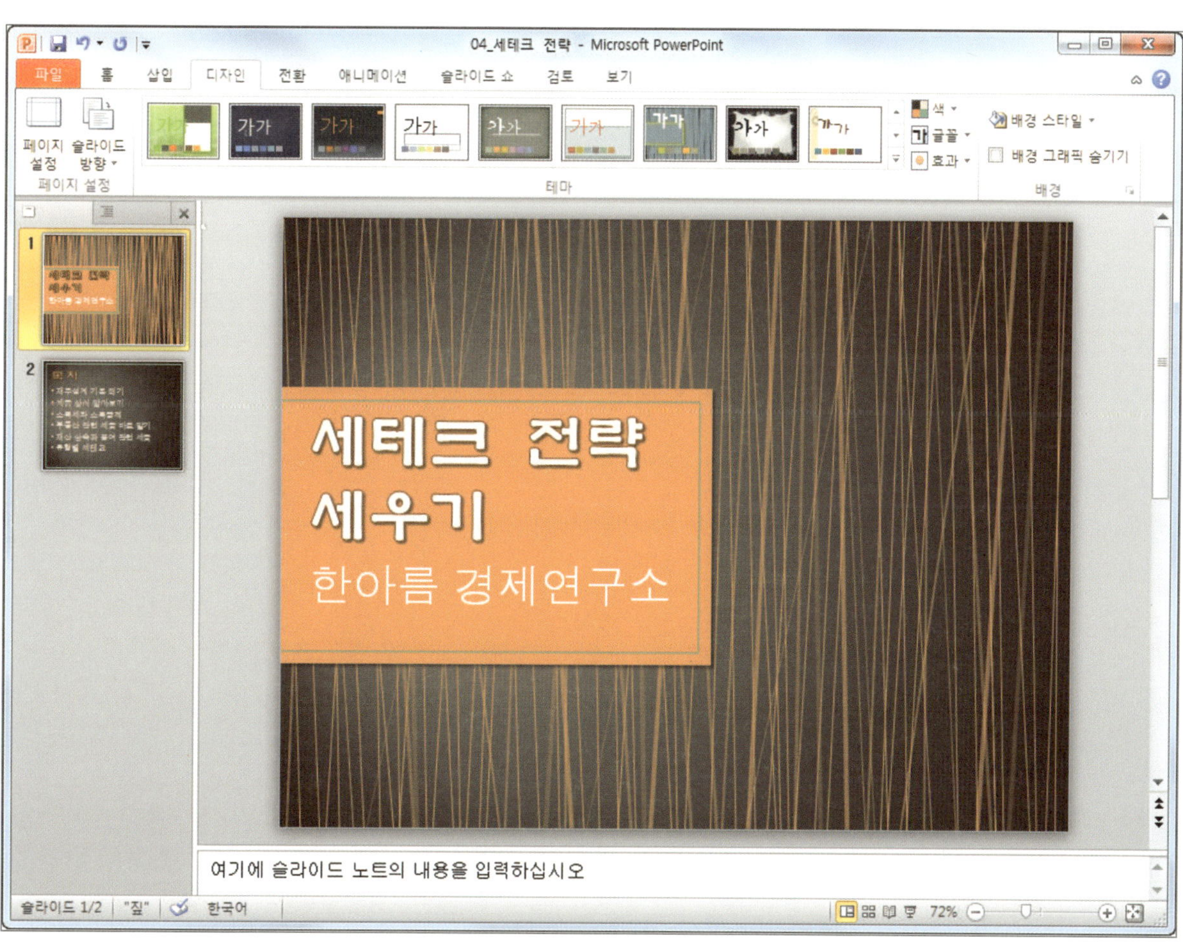

01 새 문서에서 [디자인] 탭을 클릭해 이동한 후 테마 그룹에서 [자세히](▼)를 클릭합니다.

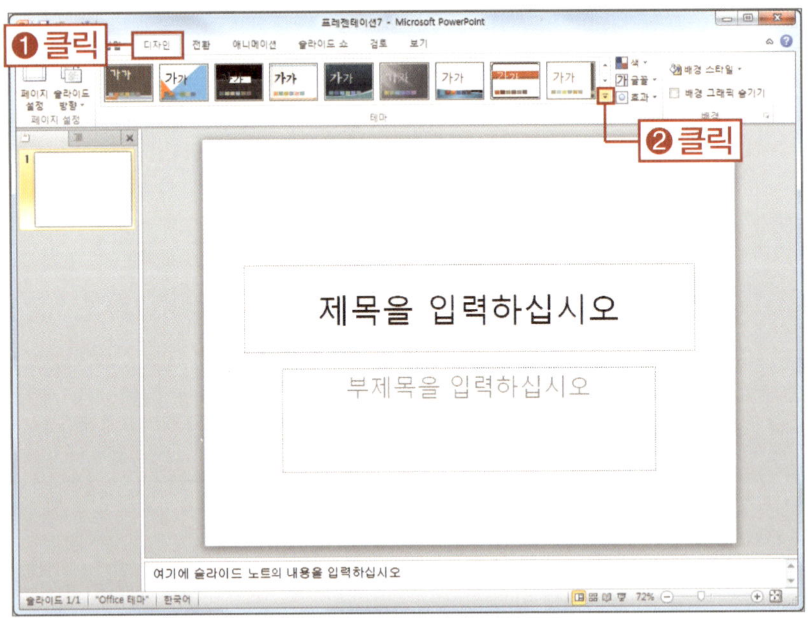

02 테마 목록이 열리면 [짚]을 클릭하여 슬라이드에 적용합니다.

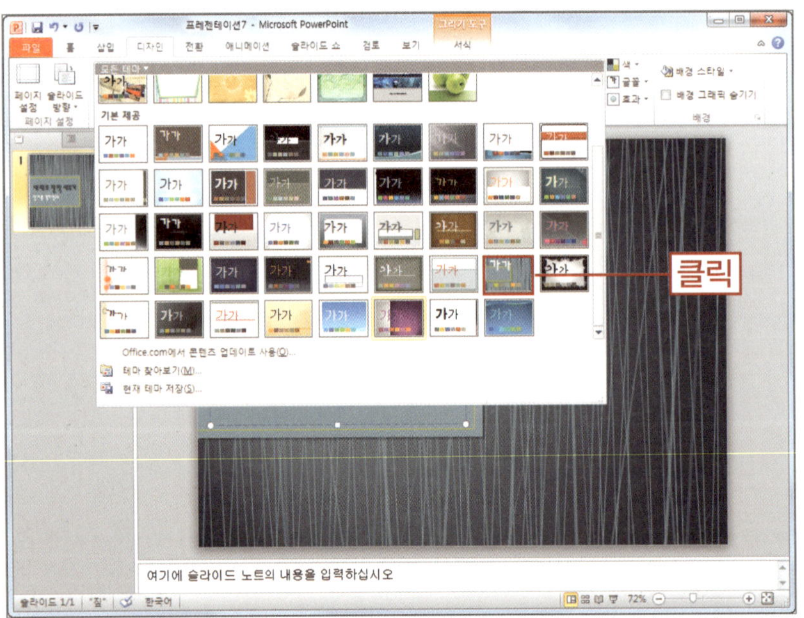

TIP 목록 위에 마우스를 올리면 해당 테마가 슬라이드에 적용될 모습을 미리 확인할 수 있습니다.

03 디자인이 변경되면 다음과 같이 제목 슬라이드의 내용을 입력하고 글꼴 크기를 조절합니다.

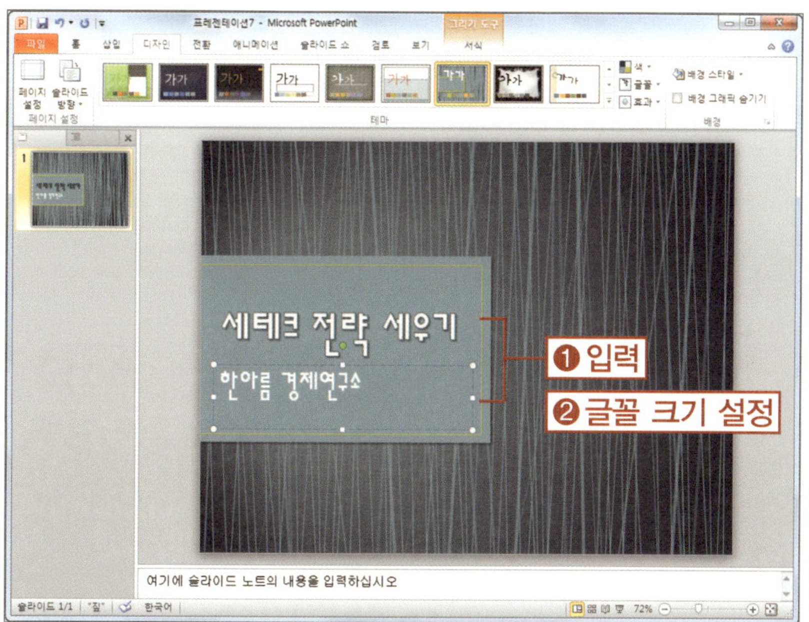

> **TIP** 글꼴 크기를 조절하려면 범위 지정한 후 [홈] 탭에서 제목(글꼴 크기: 60, [텍스트 그림자](S))
> 과 부제목(글꼴 크기: 40)을 지정합니다.

04 [홈] 탭에서 [새 슬라이드]( )를 클릭해 제목 및 내용 슬라이드가 나타나 면 다음과 같이 내용을 입력합니다.

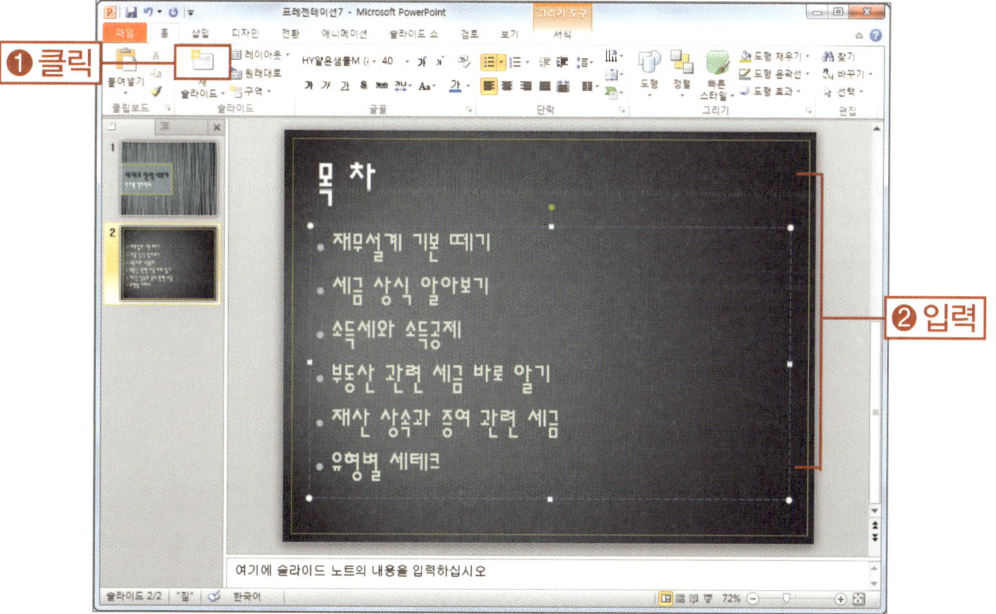

> **TIP** 슬라이드 유형에 따라 테마 안에서 디자인이 조금씩 다르게 나타납니다. 현재 슬라이드는 글꼴
> 크기를 각각 '(제목) 60'과 '(본문 내용) 40'으로 확대하였습니다.

05 '슬라이드 1'을 클릭해 이동합니다. 이후 [디자인] 탭을 선택하고 테마 그룹의 [색](색)을 클릭한 후 색 목록이 나타나면 [고구려 벽화]를 클릭해 적용합니다.

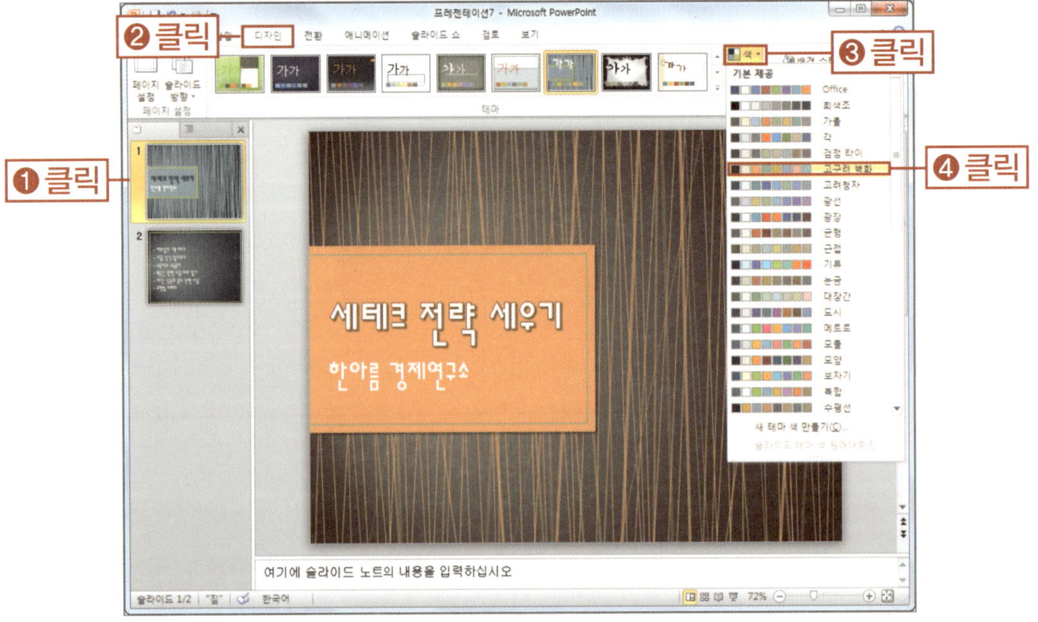

> **TIP** [테마 색]은 현재 적용된 디자인 테마 안에서 배색만을 바꾸어 적용할 수 있도록 배색 목록을 제공하는 기능입니다.

06 색이 적용되면 [글꼴](글꼴)을 클릭하고 목록에서 [광선]을 선택합니다.

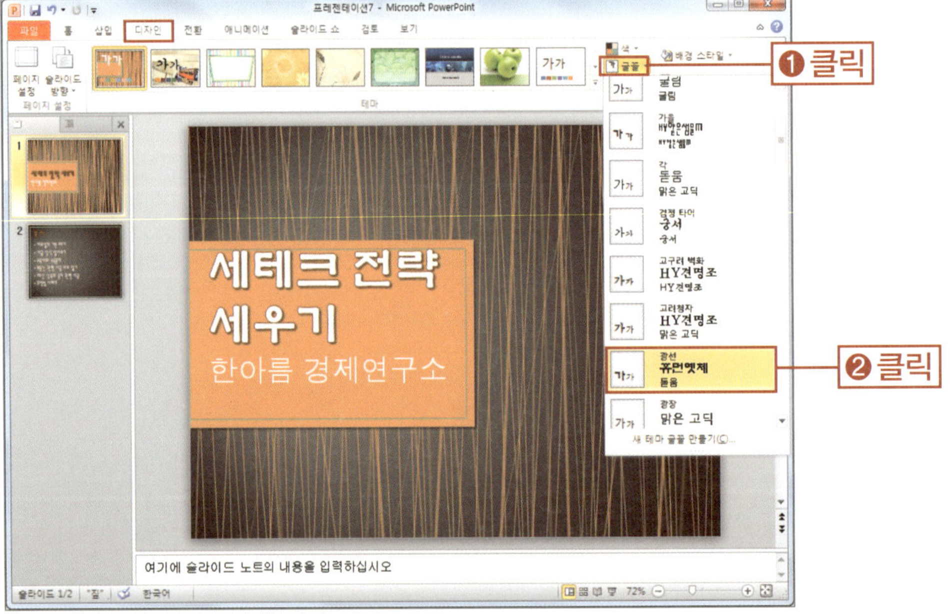

01 새 문서를 열고 [디자인] 탭에서 [오스틴] 테마를 클릭해 적용한 후 다음과 같이 두 개의 슬라이드 내용을 입력해 보세요.

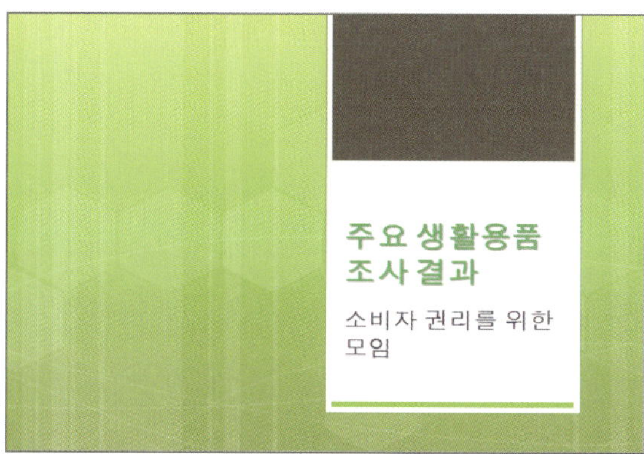

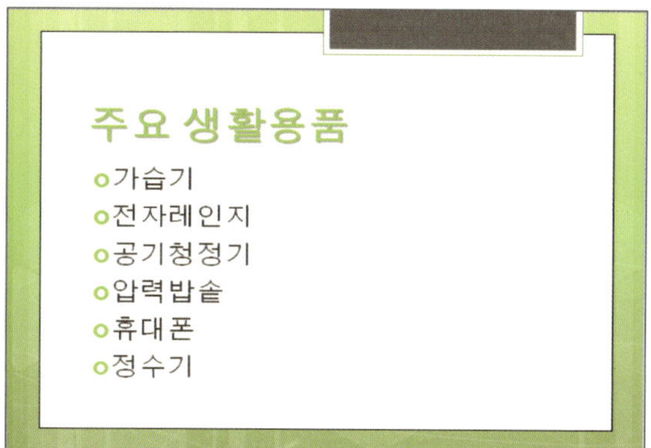

HINT [디자인] 탭에서 [오스틴] 테마 클릭 후 슬라이드에 내용 입력→ 제목: 36, (녹색), [텍스트 그림자](⑤), 부제목: 28, (진한 파랑) 지정→[홈] 탭에서 [새 슬라이드] 클릭한 후 슬라이드에 내용 입력→제목: 48, [텍스트 그림자](⑤) 지정, 본문: 32

02 '01'에서 불러온 문서의 디자인 [테마 색]을 [메트로]로 변경하고 [테마 글꼴]을 [약국]으로 변경해 보세요.

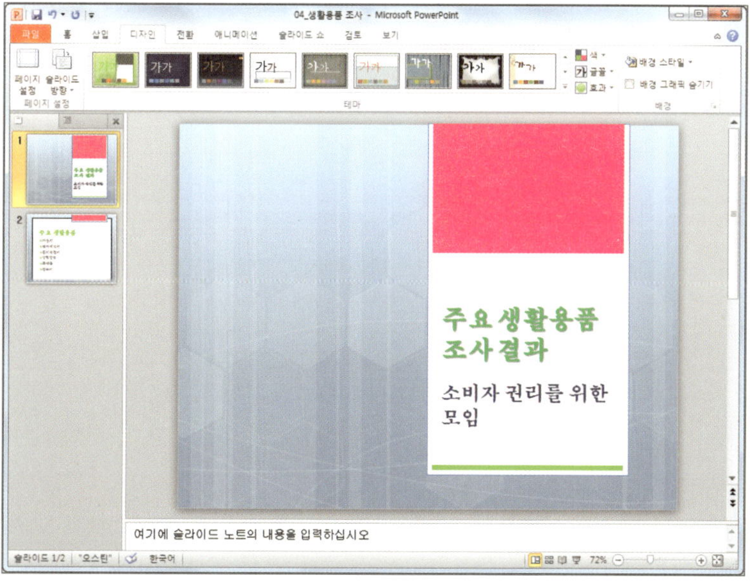

HINT [디자인] 탭에서 [색](색 ▾)–[메트로] 클릭→[글꼴](글꼴 ▾) 클릭한 후 목록에서 [약국] 선택

05 인쇄하고 슬라이드 쇼 실행하기

작성된 문서는 프린터로 인쇄해 유인물로 배포할 수 있습니다. 또 파워포인트의 슬라이드 쇼 기능을 실행하면 여러 사람들 앞에서 작성한 내용을 보다 효과적으로 발표할 수 있습니다. 파워포인트의 인쇄와 슬라이드 쇼 기능에 대해 알아봅니다.

ㅣ이런 걸 배워요!ㅣ 문서 인쇄, 슬라이드 쇼 실행, 슬라이드 이동

미리보기

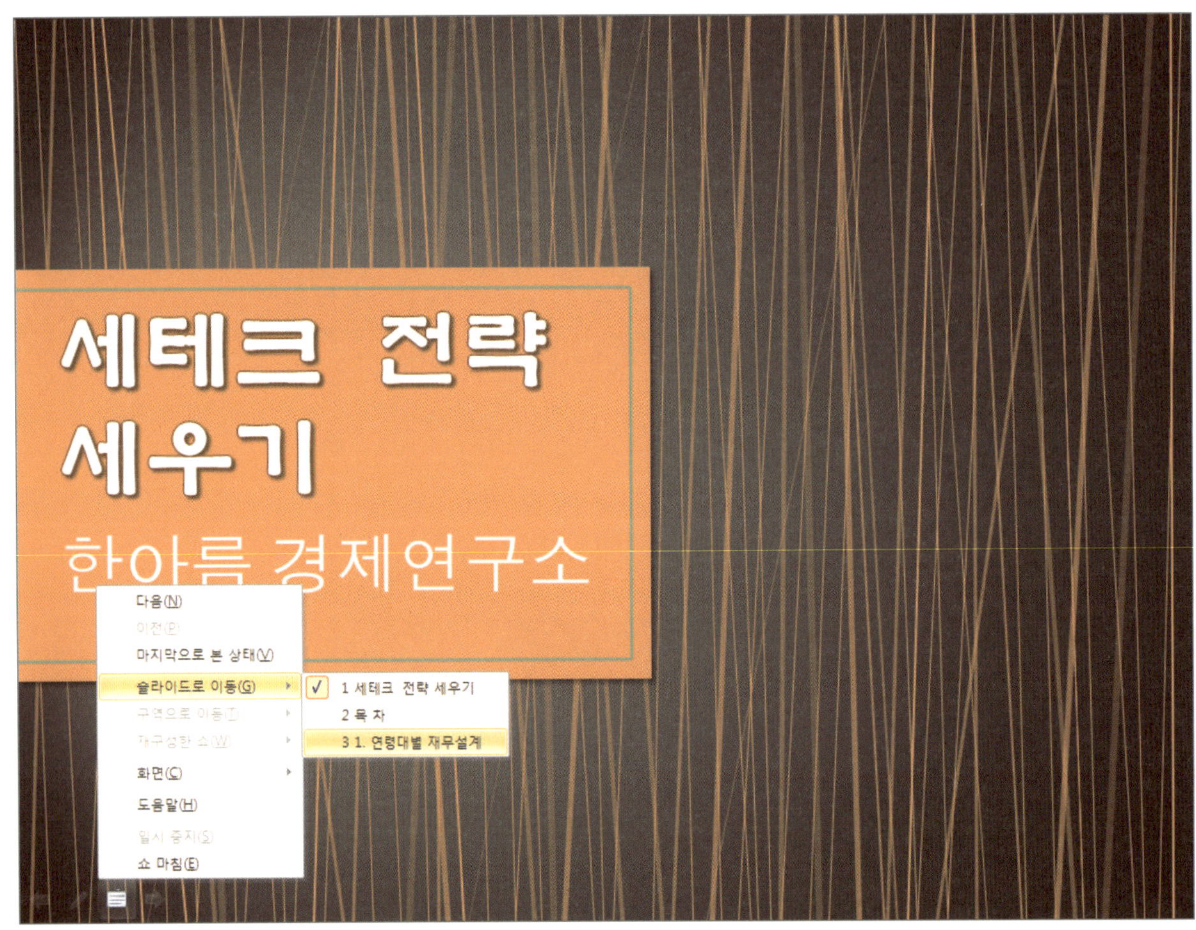

01 예제 및 완성 파일 폴더에서 '05_세테크 전략.pptx' 문서를 불러옵니다. '슬라이드 2'를 클릭한 후 [홈] 탭에서 [새 슬라이드](🔲)를 클릭해 '슬라이드 3'이 추가되면 다음과 같이 내용을 입력합니다. 이후 제목과 내용의 글꼴 크기를 각각 '54', '40'으로 선택합니다.

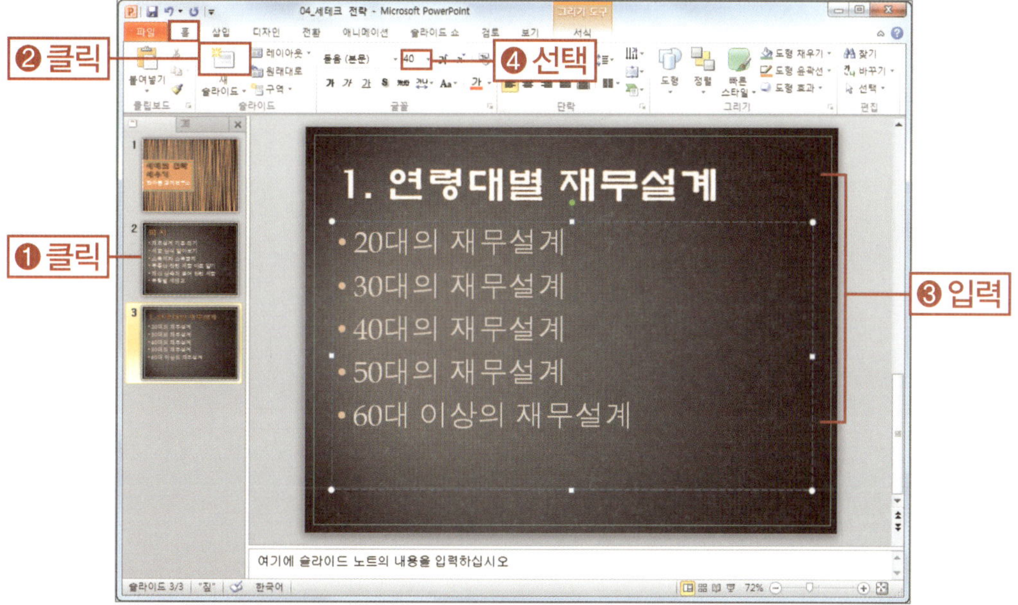

> **TIP** [파일] 탭에서 [열기]를 클릭한 후 [열기] 대화상자에서 문서를 열어 사용하려는 문서를 불러옵니다.

02 [파일] 탭을 클릭한 후 [인쇄]를 클릭합니다. [설정] 항목에서 [전체 페이지 슬라이드]를 클릭하고 유인물 목록에서 [3슬라이드]를 클릭합니다.

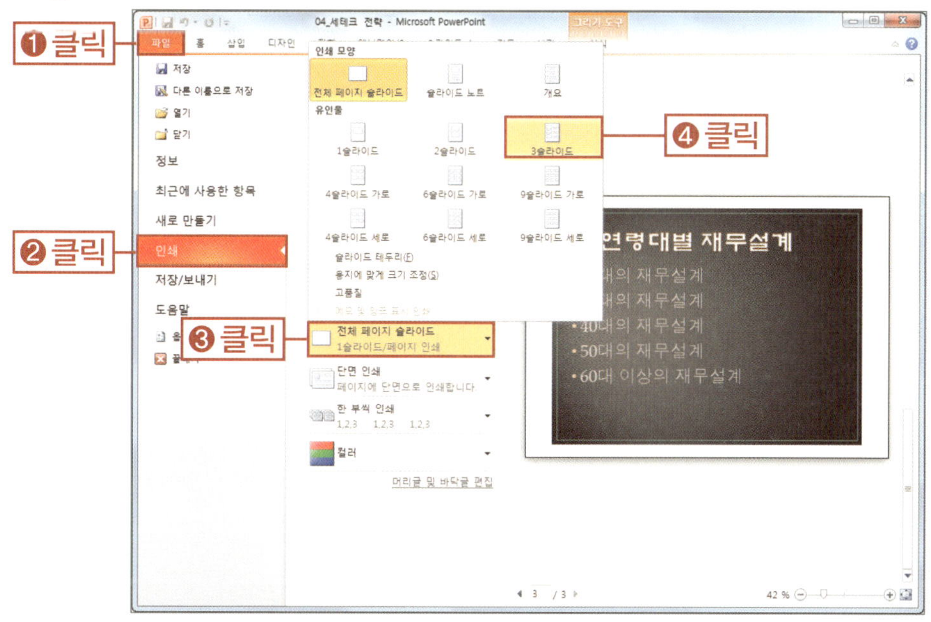

> **TIP** 용지 한 쪽에 인쇄하는 슬라이드의 개수 및 모양을 필요에 따라 다르게 지정할 수 있습니다.

03 [설정]에서 [컬러]를 클릭하고 [회색조]를 선택합니다. 색이 변경되면 [인쇄]를 클릭해 문서를 인쇄합니다.

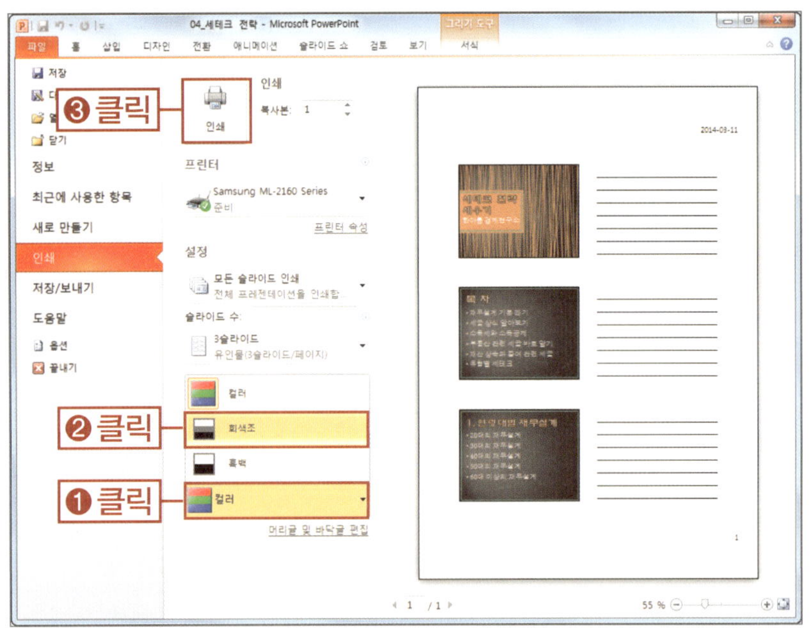

TIP [프린트] 항목에 현재 연결된 프린터의 이름이 나타나고 [준비]라고 표시됩니다.

STEP 2 | 슬라이드 쇼 실행하기

04 [슬라이드 쇼] 탭을 클릭해 이동한 후 [처음부터]를 클릭합니다.

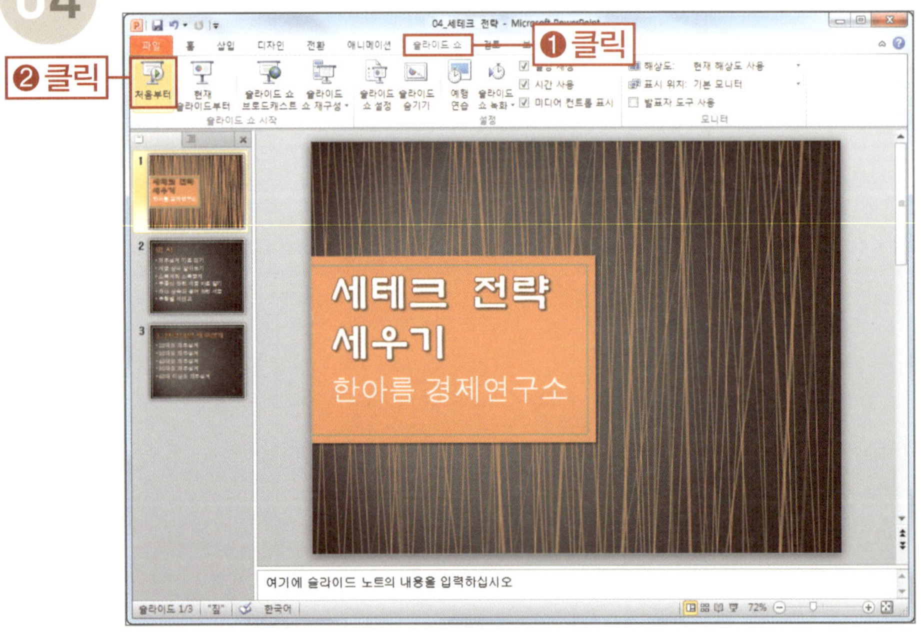

TIP [처음부터 슬라이드 쇼]의 단축 키인 F5 를 눌러도 됩니다. 또 특정 슬라이드부터 슬라이드 쇼를 실행할 때는 해당 슬라이드로 이동한 후 [현재 슬라이드부터]를 클릭합니다.

05 슬라이드 쇼가 실행되고 '슬라이드 1'이 나타납니다. 다음 슬라이드로 이동하기 위해 화면 왼쪽 아래의 오른쪽 화살표(➡)를 클릭합니다.

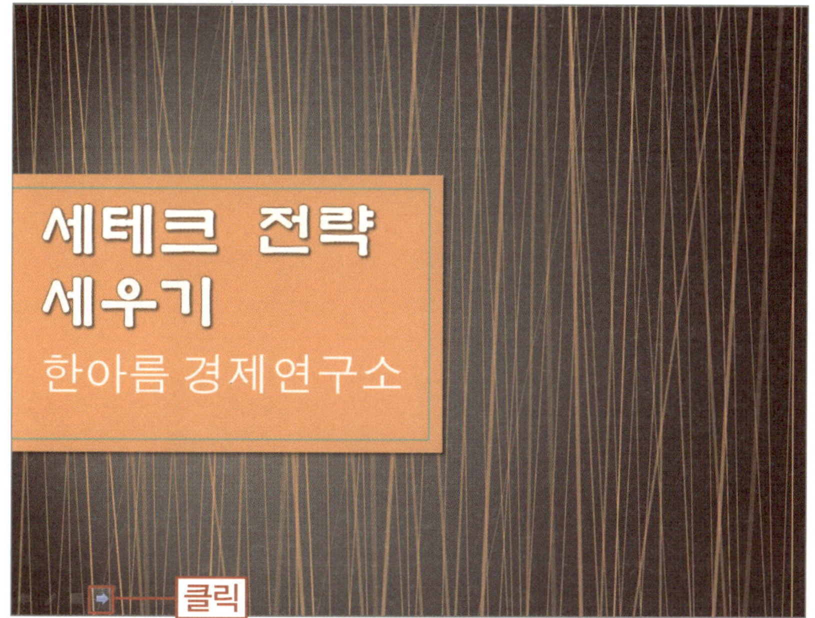

TIP 마우스를 움직이면 이동 단추가 반투명하게 보입니다. 슬라이드 안에서 마우스를 클릭하거나 Enter 를 눌러도 다음 슬라이드로 이동할 수 있습니다.

06 '슬라이드 2'가 나타납니다. 발표 도중 중요한 부분을 표시하기 위해 화면 왼쪽 아래에서 펜 모양(✏)을 클릭하고 [형광펜]을 선택합니다.

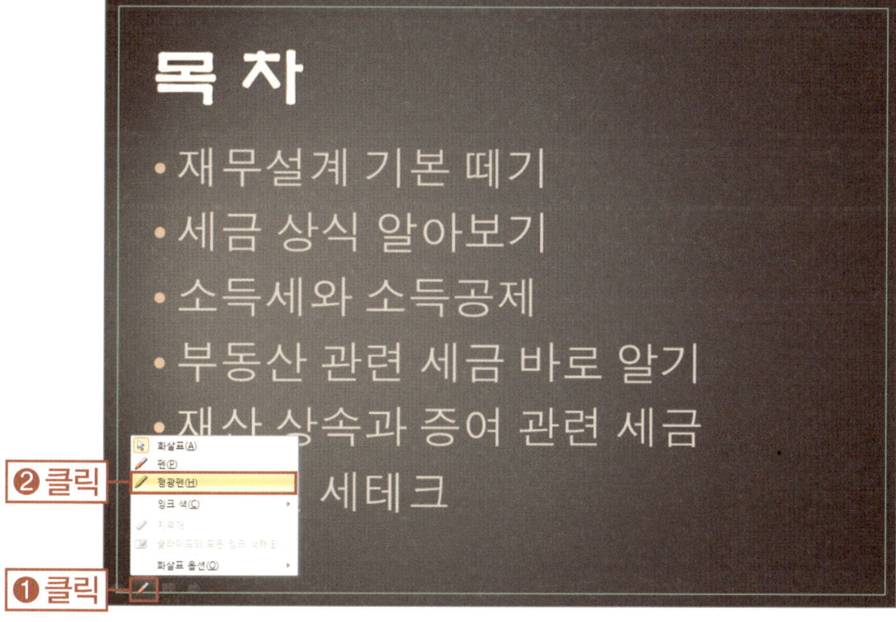

TIP [펜]은 [형광펜]보다 가늘게 표시되며 [잉크 색]을 선택하면 [펜]의 색을 변경할 수 있습니다.

마우스 포인터의 모양이 사각형으로 바뀌면 강조하고 싶은 부분을 드래그해 형광펜으로 표시합니다. 다시 이전 슬라이드인 '슬라이드 1'로 이동하기 위해 왼쪽 화살표(◀)를 클릭합니다.

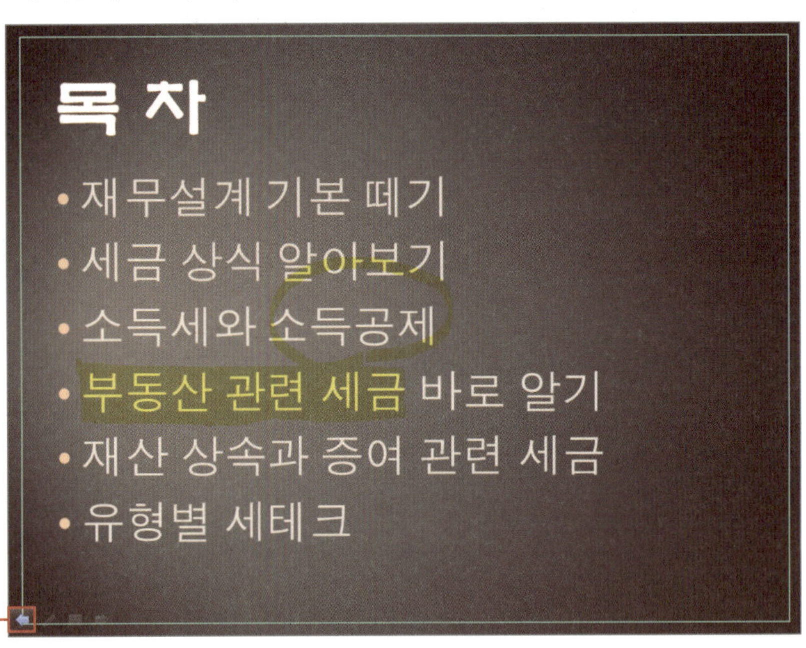

TIP 형광펜은 노란색으로 표시됩니다.

'슬라이드 1'로 이동됩니다. 다시 '슬라이드 3'으로 이동하기 위해 [메뉴](▤)를 클릭하고 [슬라이드 이동]-[3 1.연령대별 재무설계]를 선택합니다.

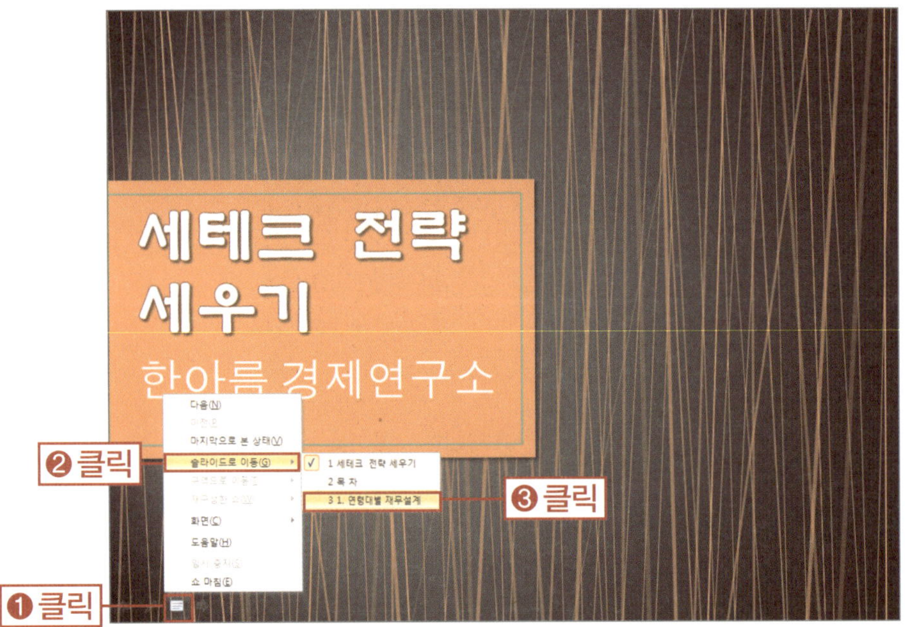

TIP • [쇼 마침]을 선택하거나 Esc 를 누르면 중간에 슬라이드 쇼를 마칠 수 있으며, 마지막 슬라이드에서 마우스를 클릭하거나 Enter 를 눌러도 슬라이드 쇼가 종료됩니다.
• '잉크 주석을 유지하시겠습니까?'라는 대화상자에서 형광펜을 사용한 부분을 그대로 유지하고 싶으면 '예'를, 지우고 싶다면 '아니오'를 클릭합니다.

01 '05_생활용품 조사.pptx' 문서를 열고 [인쇄] 메뉴로 이동해 [2슬라이드]로 인쇄되도록 지정한 후 연결된 프린터로 인쇄해 보세요.

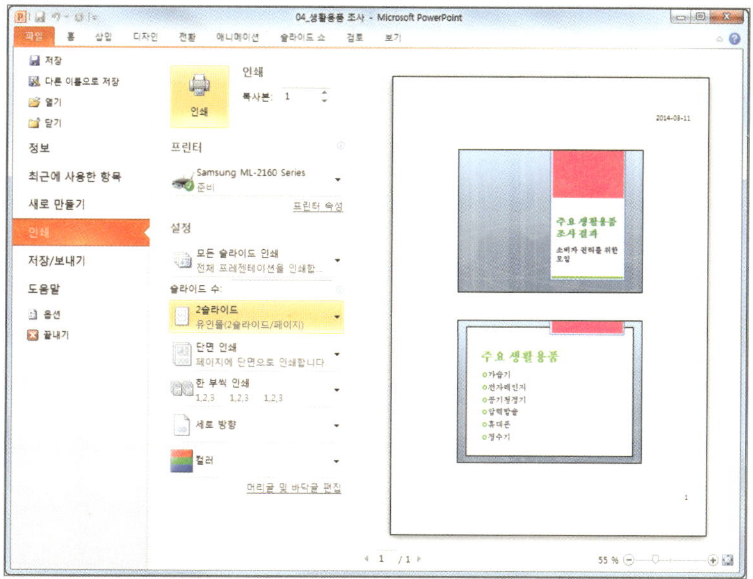

HINT [파일] 탭-[열기] 클릭해서 '05_생활용품 조사' 문서 열기→[파일] 탭-[인쇄] 클릭→[전체 페이지 슬라이드]-[2슬라이드] 클릭→프린터 연결 확인 후 [인쇄] 클릭

02 '01'에서 불러온 문서를 이용하여 슬라이드 쇼를 실행해 보세요. '슬라이드 2'로 이동한 후 형광펜으로 다음과 같이 표시를 하고 [쇼 마침] 메뉴를 이용해 슬라이드 쇼를 종료해 보세요.

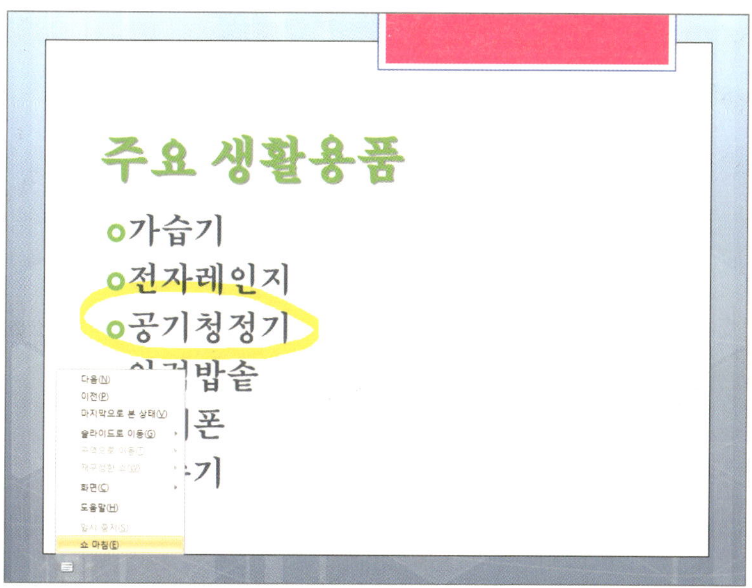

HINT F5를 눌러 슬라이드 쇼 실행→오른쪽 화살표(➡) 클릭해 '슬라이드 2'로 이동→[펜 모양](✎)-[형광펜] 클릭→형광펜 표시→내용 확인 후 [메뉴](▤)-[쇼 마침] 클릭→'잉크 주석을 유지하시겠습니까?'라는 대화상자가 나타나면 [예] 클릭

06 그림과 클립 아트 삽입하기

문서의 내용과 관련된 사진이나 클립 아트를 슬라이드 안에 삽입하면 보다 쉽고 빠르게 내용을 이해할 수 있어 좋습니다. 사용자가 직접 찍은 사진을 삽입할 수도 있으며, 사진 만으로 슬라이드를 꾸미면 하나뿐인 전자앨범으로도 활용할 수 있습니다. 사진과 클립 아트를 삽입해 봅니다.

| 이런 걸 배워요! | 그림 삽입, 클립 아트 삽입, 슬라이드 레이아웃 변경

미리보기

01 예제 및 완성 파일 폴더에서 '06_온천여행.pptx' 문서를 불러옵니다. [디자인] 탭을 클릭한 후 [색](색 ▾)에서 [보자기]를 클릭합니다.

02 [홈] 탭을 클릭한 후 [레이아웃]을 클릭하고 [제목 및 내용]을 선택합니다.

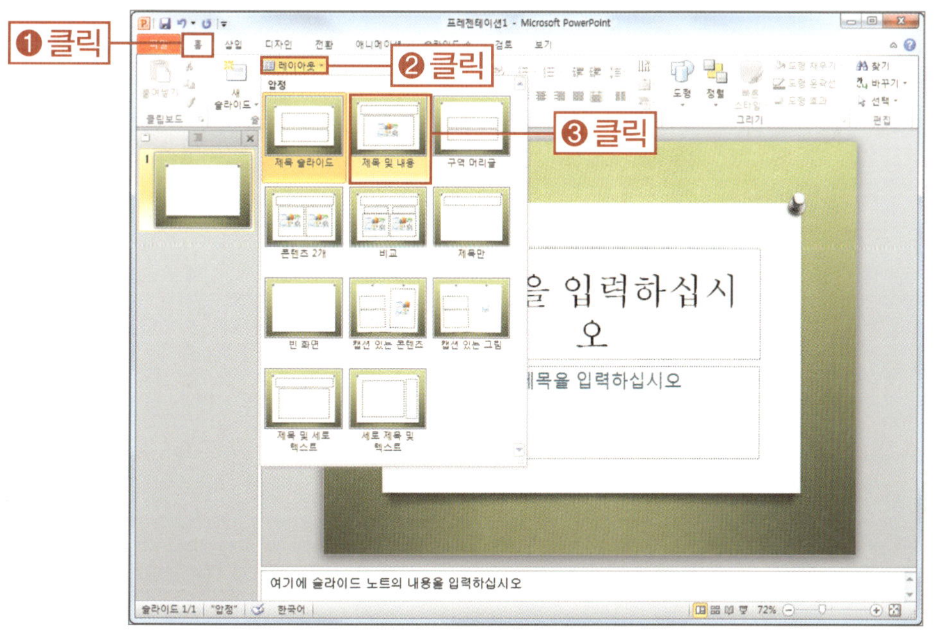

TIP [레이아웃]에서 원하는 슬라이드의 레이아웃을 골라 변경할 수 있습니다.

03 [삽입] 탭을 클릭한 후 [그림]을 클릭합니다. [그림 삽입] 대화상자가 나타나면 왼쪽 영역에서 예제 및 완성 파일 폴더를 찾아 선택하고 오른쪽 영역에서 '06_사진1.jpg'를 선택한 후 [삽입]을 클릭합니다.

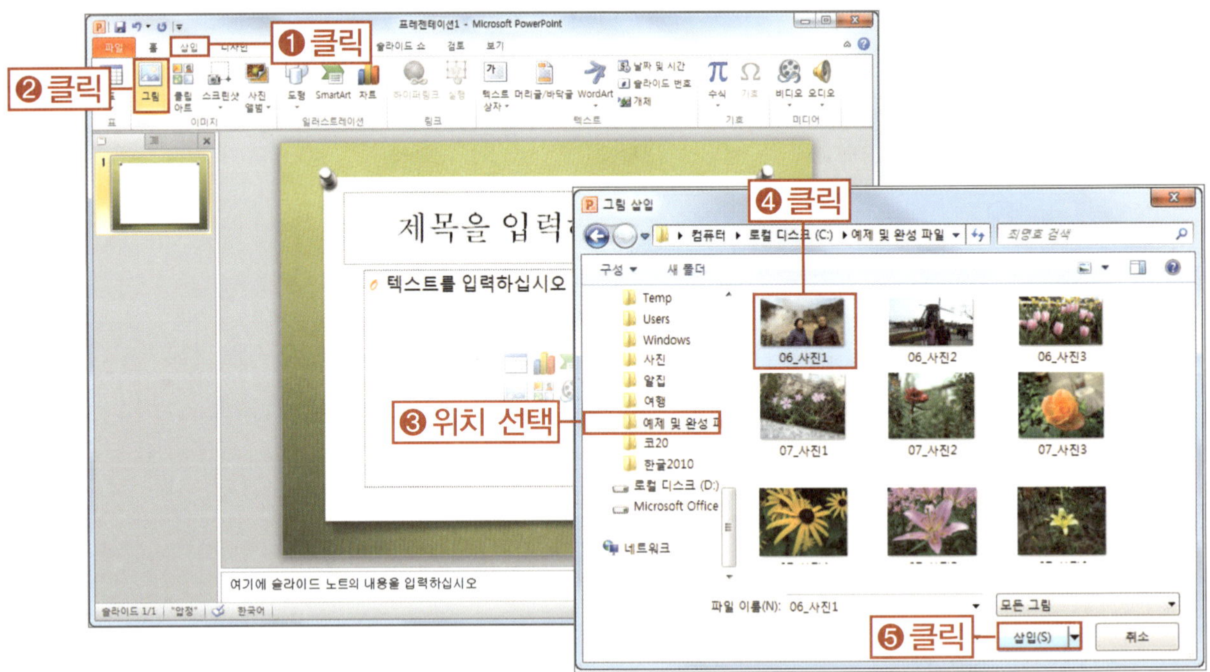

TIP 예제에서 사용하는 이미지는 영진닷컴 홈페이지에서 다운로드한 [예제 및 완성 파일] 폴더 안에 삽입되어 있으니 선택해서 불러오면 됩니다.

04 그림이 삽입되면 조절점을 드래그해 크기를 조절한 후 텍스트 상자에 제목을 입력합니다. 제목을 드래그해 범위 지정한 후 지정한 후 글꼴과 글꼴색, 글꼴 크기를 원하는 모양으로 수정합니다.

TIP 글꼴은 [HY산B], 글꼴 색은 [밝은 녹색, 강조 5, 50% 더 어둡게]로, [글꼴 크기]는 [48]로 지정하였습니다.

05 [삽입] 탭을 클릭한 후 [클립 아트]를 클릭합니다.

06 [클립 아트] 작업 창이 나타나면 [검색 대상]에 '온천'을 입력하고 [이동]을 클릭합니다.

TIP [검색할 형식]에서는 '그림', '사진', '비디오', '오디오' 등 특정 형식만을 선택할 수도 있습니다.

07 검색 결과가 나타나면 삽입할 그림을 클릭해 슬라이드에 삽입합니다.

TIP 잘못 삽입했을 경우에는 해당 클립 아트를 클릭해 선택된 상태에서 Delete 를 누릅니다.

08 클립 아트를 마우스로 드래그해 위치를 위쪽으로 이동한 후 조절점을 드래그해 크기를 조절합니다.

TIP 연두색 회전 핸들을 드래그하면 삽입된 클립 아트를 회전할 수 있습니다. [클립 아트] 작업 창 오른쪽의 [닫기](×)를 클릭하면 작업 창을 닫을 수 있습니다.

01 예제 사진과 클립 아트를 삽입해 다음과 같은 모양으로 슬라이드를 작성해 보세요.

HINT [디자인] 탭에서 '신문' 디자인 적용→제목 입력하고 위쪽으로 위치 이동→[삽입] 탭-[그림] 클릭하여 '06_사진3.jpg' 삽입 후 크기 조절→[클립 아트] 클릭→ '나비' 로 검색해 나비 그림 삽입하고 크기와 방향 조절

02 '01' 에서 불러온 문서에 슬라이드를 추가한 후 예제 사진과 클립 아트를 삽입해 다음과 같은 모양으로 슬라이드를 작성해 보세요.

HINT [홈]-[새 슬라이드]를 클릭한 후 [제목 및 내용] 클릭→[삽입] 탭-[그림] 클릭하여 '06_사진2.jpg' 삽입 후 크기 조절→[클립 아트] 클릭→ '풍차' 로 검색해 풍차 그림 삽입하고 크기와 방향 조절→제목 입력

07 삽입된 사진에 다양한 효과 넣기

슬라이드에 삽입된 사진은 원하는 부분만 잘라서 사용하거나 밝기, 색 등을 조절할 수 있습니다. 또 그림자나 입체 효과를 내거나 가장자리를 흐리게 만드는 등 다양한 효과를 적용해 여러 가지 스타일로 꾸밀 수 있습니다. 삽입된 그림에 다양한 효과를 설정해 봅니다.

| 이런 걸 배워요! | 삽입 그림 자르기, 그림 스타일 지정하기

미리보기

01 예제 및 완성 파일 폴더에서 '07_수목원.pptx' 문서를 불러옵니다.

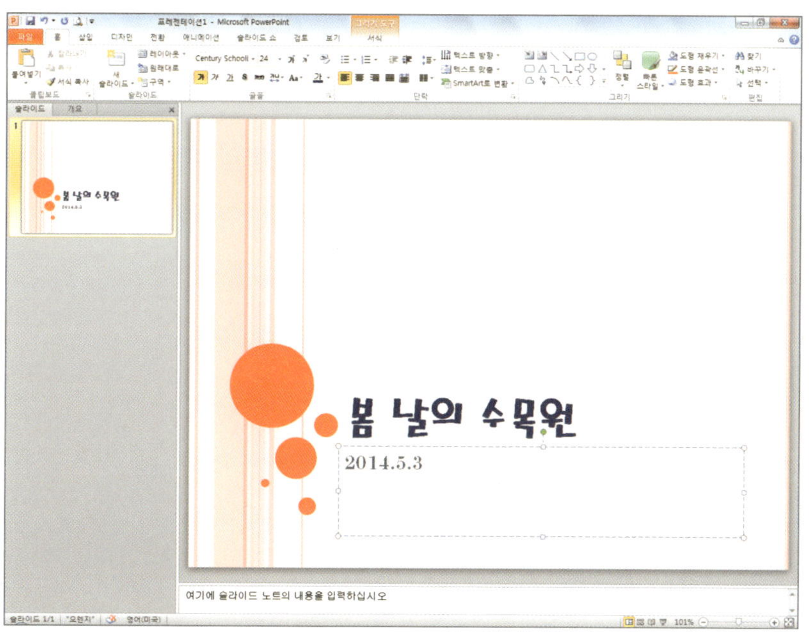

02 [삽입] 탭을 선택한 후 [그림]을 클릭합니다. 이후 파일 위치를 선택하고 '07_사진1.jpg' 파일을 선택한 후 [삽입]을 클릭합니다.

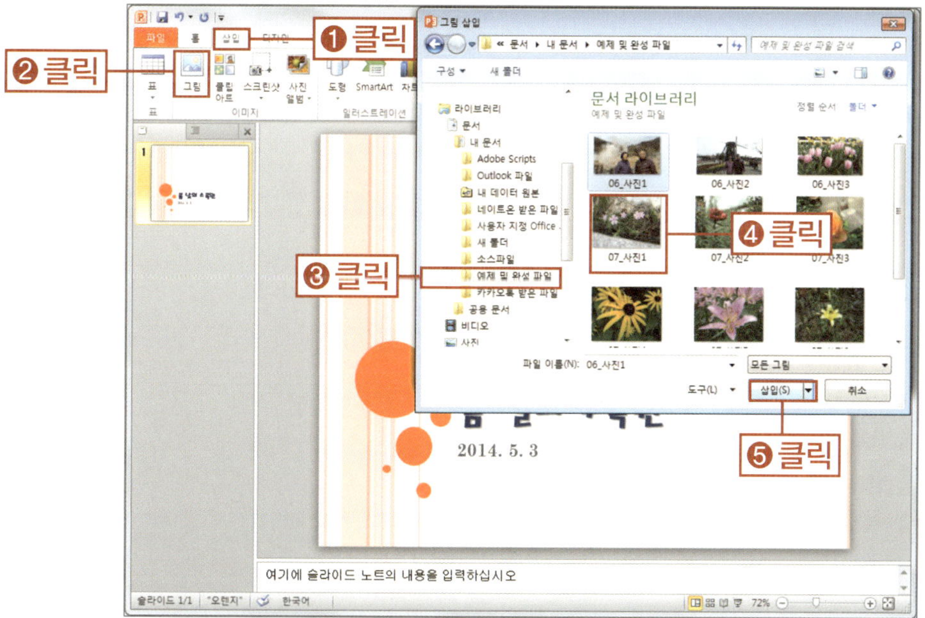

03 사진이 삽입되면 [그림 도구]–[서식] 탭에서 [자르기](📷)를 클릭합니다. 마우스 포인터와 조절점이 검은색 선 모양으로 바뀌면 잘라낼 부분만큼 조절점을 안쪽으로 드래그해 위치를 표시하고 슬라이드 바깥쪽 빈 곳을 클릭합니다.

 삽입 그림이 선택되면 [그림 도구]–[서식] 탭이 자동으로 표시됩니다.

04 사진의 위치를 다음과 같이 조정하고 사진이 선택된 상태에서 [그림 도구]–[서식] 탭의 [수정]을 클릭하고 [밝기: +20%, 대비: +20%]를 선택합니다.

05 [홈] 탭을 클릭한 후 [새 슬라이드](새 슬라이드▾)를 클릭하고 [콘텐츠 2개]를 선택합니다.

06 '슬라이드 2'가 열리면 제목 텍스트 상자의 테두리를 클릭한 후 Delete 를 눌러 삭제합니다. 이후 두 상자 안의 [그림]( )을 각각 클릭해 '07_사진2.jpg'와 '07_사진3.jpg'를 삽입합니다.

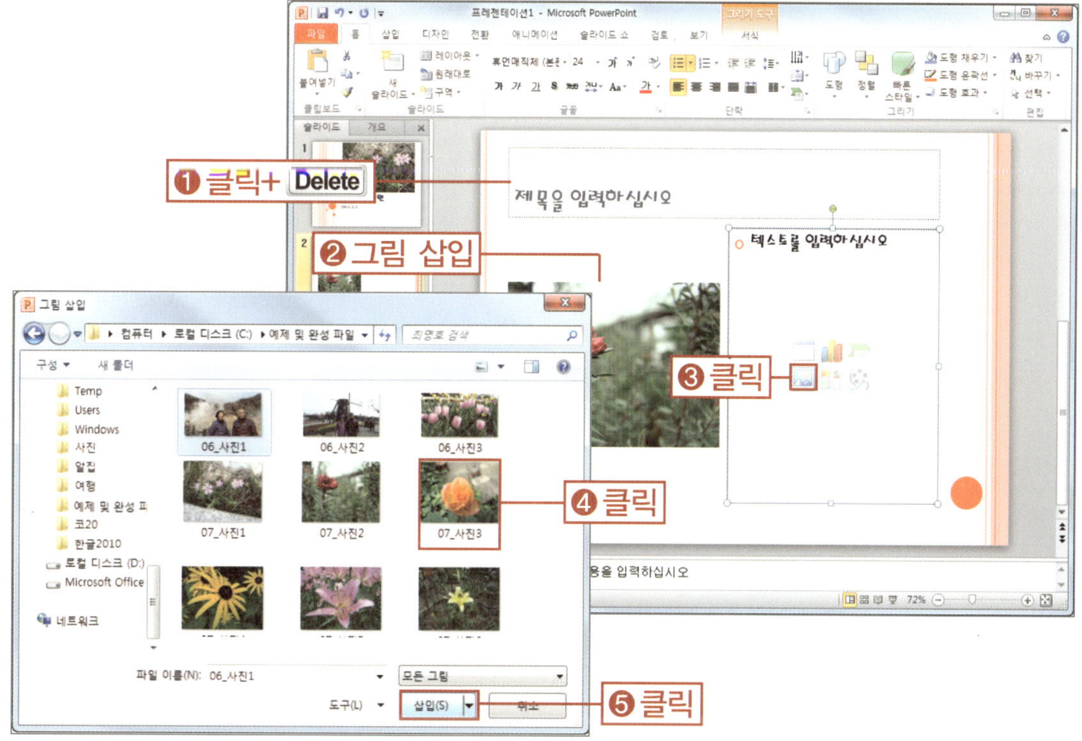

TIP [삽입] 탭의 이미지 그룹에서 [그림]을 클릭해도 됩니다.

07 왼쪽 그림을 선택한 후 [그림 도구]-[서식] 탭의 그림 스타일 그룹에서 [자세히](▼)를 클릭하고 [반사형 원근감(오른쪽)]을 선택합니다.

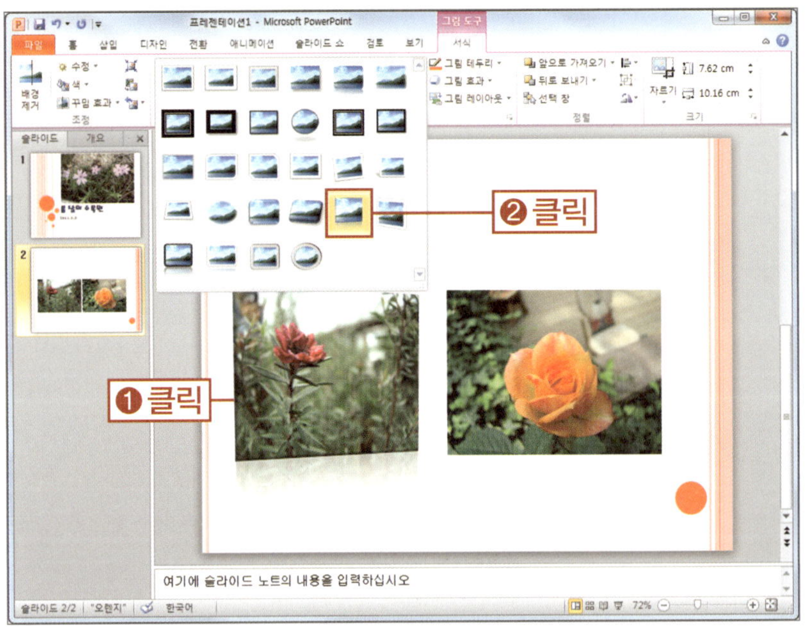

08 이번에는 오른쪽 그림을 선택한 후 [자세히](▼)를 클릭하고 [회전, 흰색]을 선택합니다. 그림의 크기와 위치를 보기 좋게 다시 조절합니다.

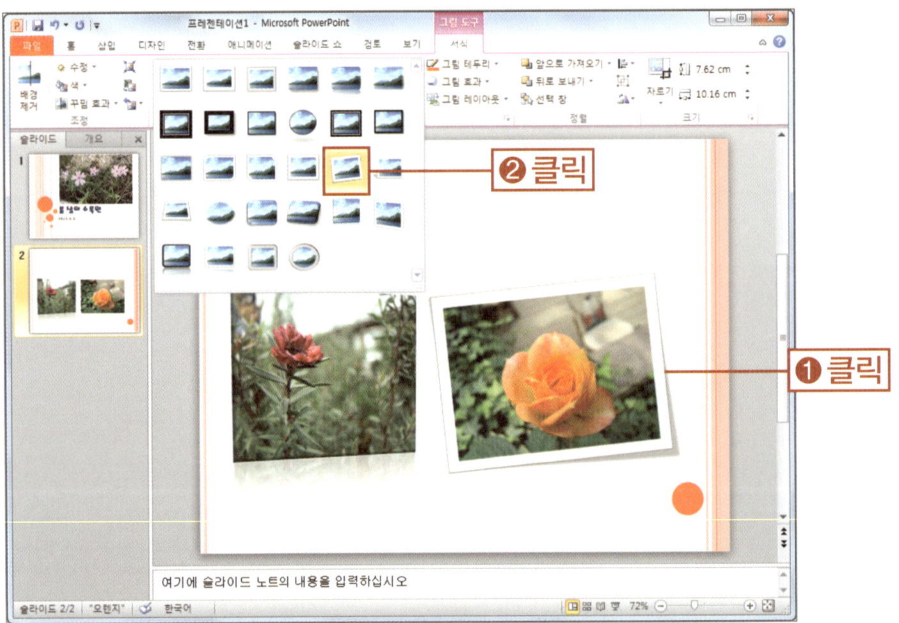

01 '07_여행스케치.pptx' 문서를 불러와 '슬라이드 2'에서 삽입된 그림에 [반사]–[근접 반사, 4pt 오프셋], [네온]–[밤색, 11 pt 네온, 강조색 3]의 그림 효과를 지정해 보세요.

HINT '슬라이드 2'로 이동→그림 선택 후 [그림 도구]–[서식] 탭에서 [그림 효과]–[반사]–[근접 반사, 4pt 오프셋] 선택→[그림 효과]–[네온]–[밤색, 11 pt 네온, 강조색 3] 선택

02 '01'에서 불러온 문서의 슬라이드 3을 클릭한 후 삽입된 이미지에 그림 스타일 목록과 그림 효과 기능을 이용해 다음과 같이 만들어 보세요.(예제 그림: '07_사진7.jpg', '07_사진8.jpg', '07_사진9.jpg')

HINT '07_사진7' 그림 선택 후 [그림 도구]–[서식] 탭의 그림 스타일 목록에서 [부드러운 가장자리 타원] 선택→ '07_사진8' 그림 선택 후 [자르기]( ) 클릭–이미지 모양에 맞춰 자르기→'07_사진9' 그림 선택 후 그림 스타일 목록에서 [입체 원근감]을 선택

08 워드아트 삽입해 제목 만들기

워드아트는 글자를 개체와 같이 인식하여 크기와 모양, 위치 등을 자유롭게 조절하도록 만든 것으로 글자에 다양한 효과나 색 등을 적용할 수 있으며, 미리 만들어 제공되는 목록에서 원하는 스타일을 선택해 사용할 수 있어 편리합니다. 워드아트 기능에 대해 알아봅니다.

| 이런 걸 배워요! | 워드아트 삽입, 워드아트 스타일 설정

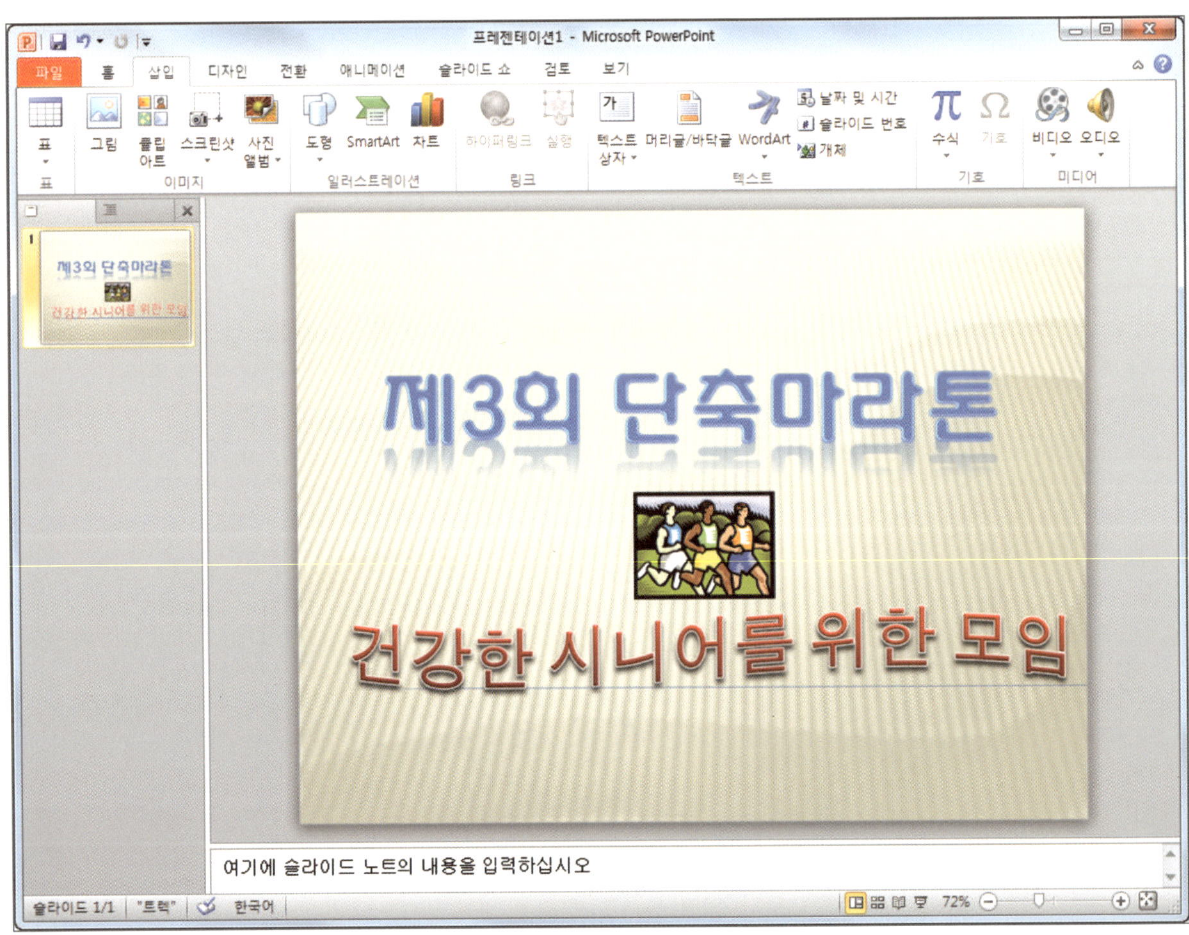

01 예제 및 완성 파일 폴더에서 '08_단축마라톤.pptx' 문서를 불러옵니다.

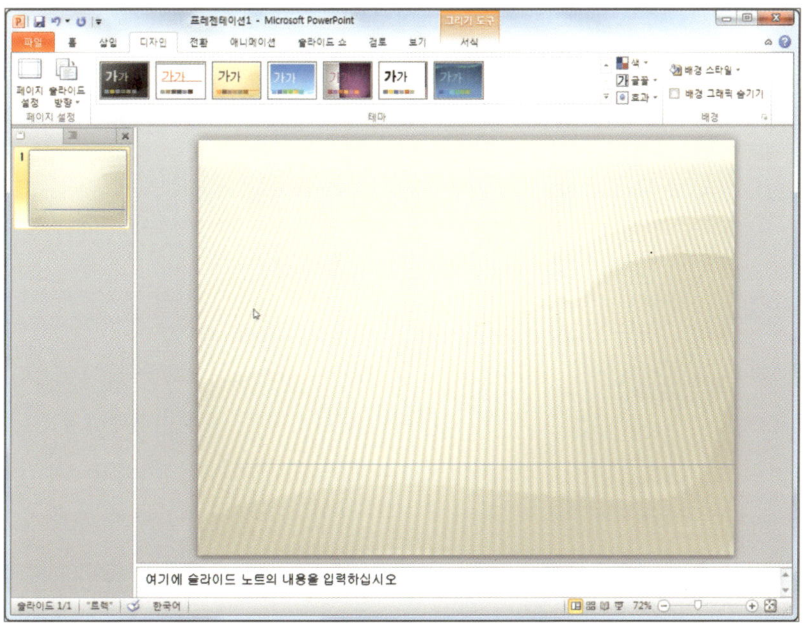

02 [삽입] 탭을 클릭한 후 [WordArt]를 클릭합니다. 목록이 나타나면 [채우기-파랑, 강조 1, 플라스틱 입체, 반사]를 선택합니다.

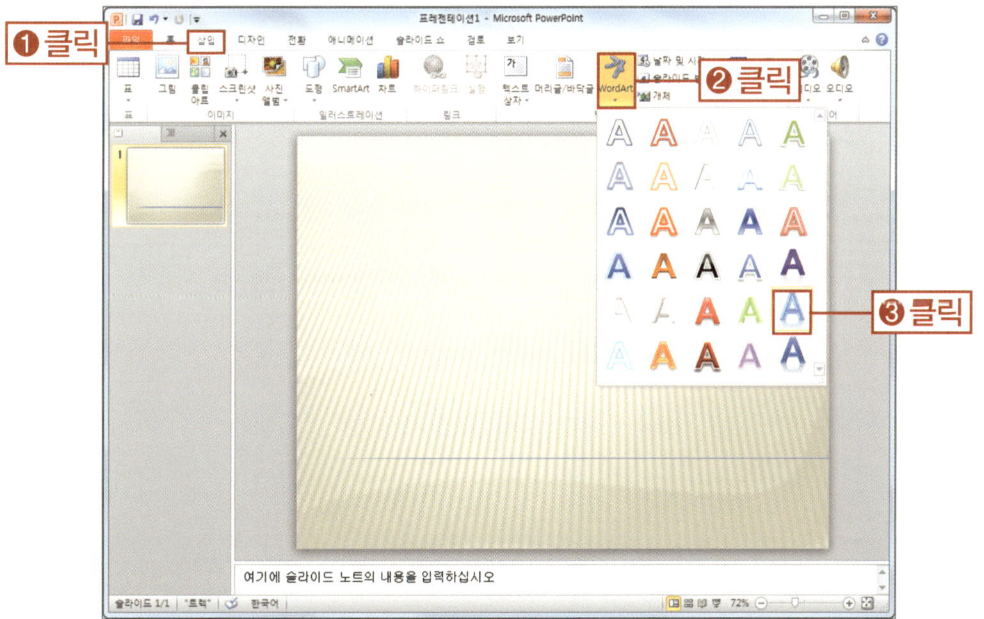

03 텍스트 상자가 삽입되면 다음과 같이 내용을 입력하고 [홈] 탭으로 이동합니다. 텍스트 상자가 선택된 상태에서 글꼴을 'HY동녘M'으로 지정하고 글꼴 크기를 '72'로 지정한 후 텍스트 상자의 테두리 선 부분을 드래그해 위쪽으로 이동합니다.

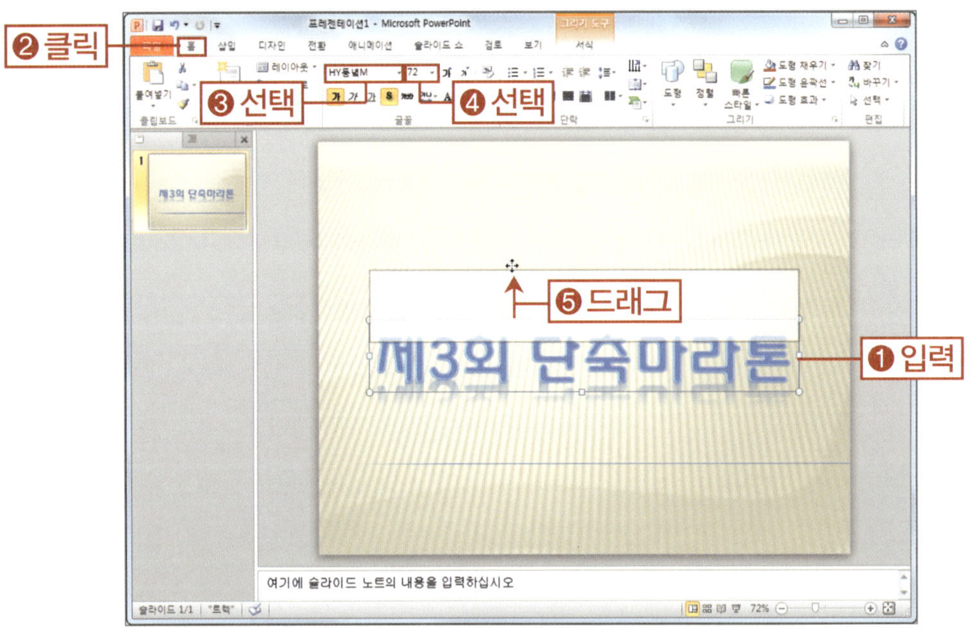

TIP 텍스트 상자의 테두리 선 부분을 클릭해 커서가 보이지 않도록 선택하면 텍스트 상자 전체의 글꼴 서식을 설정할 수 있습니다.

04 다시 [삽입] 탭을 클릭한 후 [WordArt]를 클릭하고 목록에서 [채우기-빨강, 강조 2, 무광택 입체]를 선택합니다.

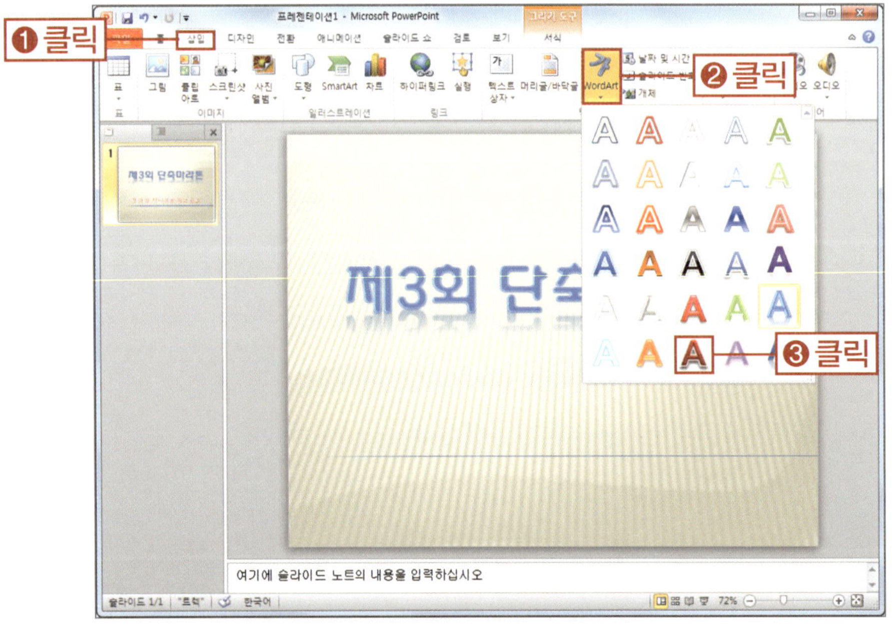

05 [WordArt]가 삽입되면 내용을 입력한 후 텍스트 테두리 선 부분을 드래그해 아래쪽으로 이동합니다.

06 아래쪽 워드아트가 선택된 상태에서 [그리기 도구]-[서식] 탭의 [텍스트 효과](가)를 클릭합니다. [변환]을 클릭한 후 휘기 목록에서 [물결 2]를 클릭해 적용합니다.

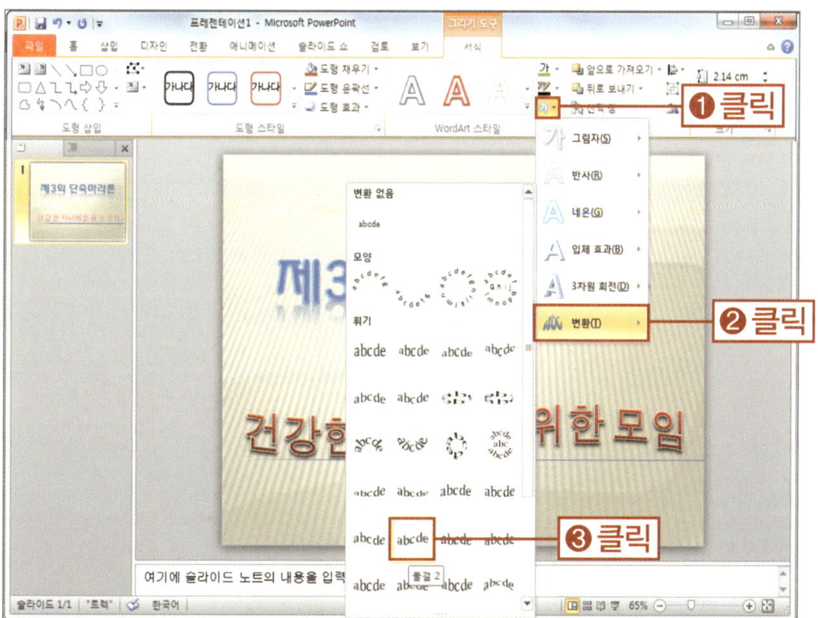

 [삽입] 탭의 클립 아트에서 '마라톤' 관련 그림을 검색해 삽입합니다.

01 '08_신제품발표.pptx' 문서를 불러온 후 워드아트를 두 개 삽입해 다음과 같이 만들어 보세요.

HINT [삽입] 탭에서 [WordArt]–[채우기-황갈색, 강조 2, 이중 윤곽선-강조 2] 선택→내용 입력→[그리기 도구]–[서식] 탭의 [텍스트 효과]–[네온]–[황갈색, 18pt 네온, 강조색 2] 선택→위치 이동→[삽입] 탭에서 [WordArt]–[채우기-청록, 투명 강조 5, 투명 입체]→내용 입력 후 위치 이동

02 '08_행복한이야기.pptx' 문서를 불러온 후 워드아트를 두 개 삽입해 다음과 같이 만들어 보세요.

HINT [삽입] 탭에서 [WordArt]–[채우기-없음, 윤곽선-강조 2] 선택→내용 입력 후 위치 이동→[삽입] 탭에서 [WordArt]–[그라데이션 채우기-주황, 강조 1, 윤곽선-흰색, 네온-강조 2] 선택→내용 입력 후 'HY목각파임B', '96' 지정→[그리기 도구]–[서식] 탭에서 [텍스트 효과]–[변환]–[물결 1] 선택

09 숫자 데이터, 표로 작성하기

슬라이드의 내용 중 숫자로 된 복잡한 내용들은 표로 만들어 정리하면 보기에도 깔끔하고 한 눈에 알아볼 수 있어 편리합니다. 삽입한 표의 테두리 선과 면에 색과 스타일을 지정하면 보다 멋진 표로 꾸밀 수 있습니다. 표 작성 방법을 알아봅니다.

ㅣ이런 걸 배워요!ㅣ 표 삽입, 테두리 선과 배경 설정

미리보기

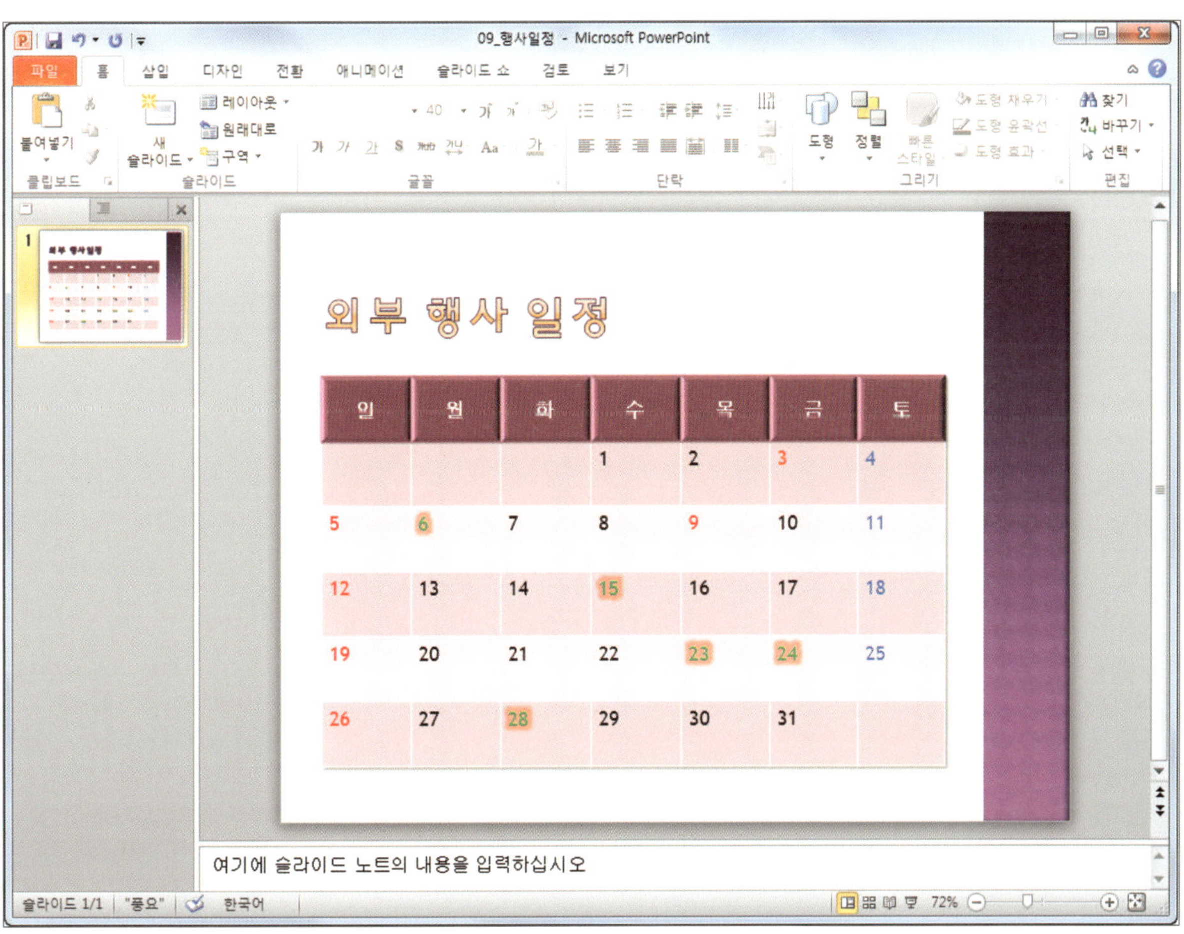

01 예제 및 완성 파일 폴더에서 '09_행사일정.pptx' 문서를 불러옵니다.

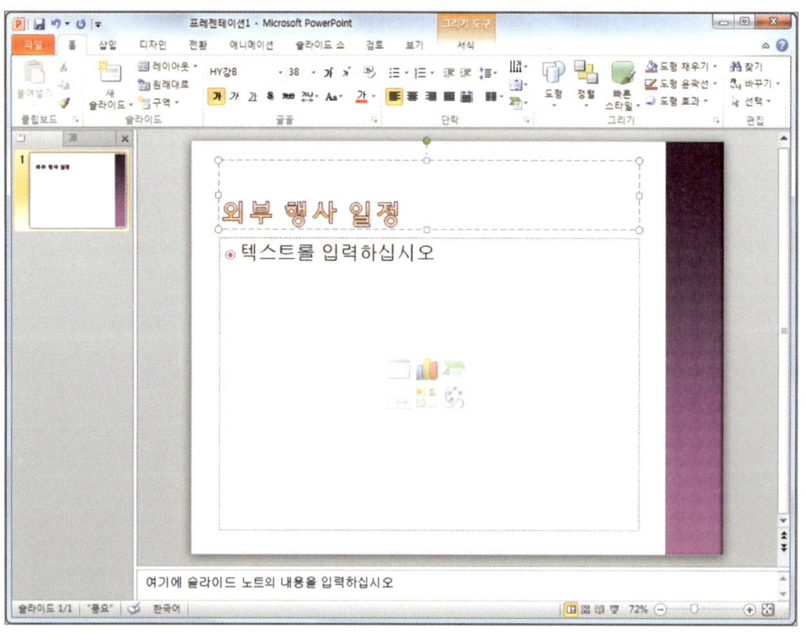

02 [삽입] 탭을 클릭합니다. 이후 [표]를 클릭하고 마우스를 드래그해 '7×6' 이 되면 클릭합니다.

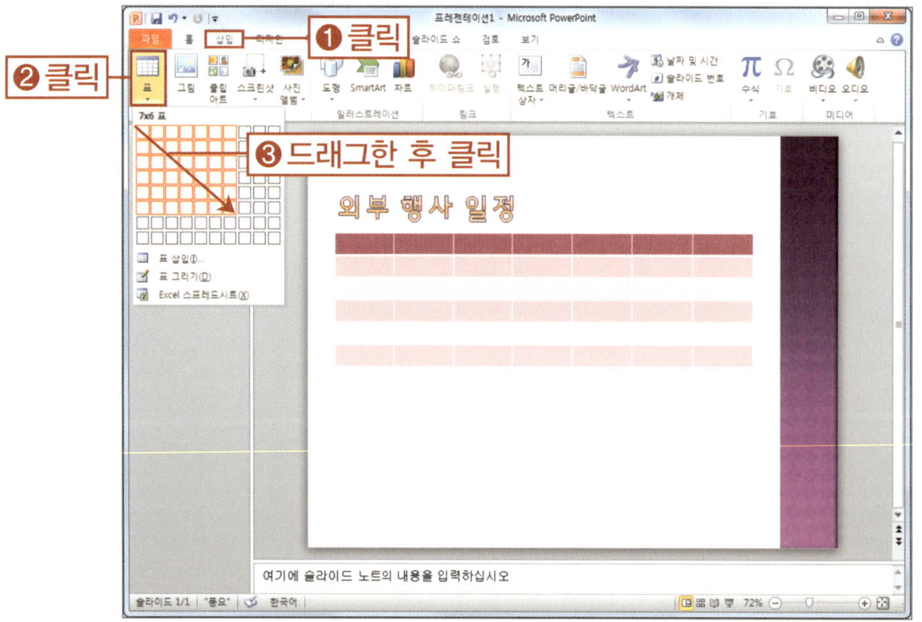

TIP 줄과 칸 수 설정을 위해 드래그하면 삽입될 표의 모양이 슬라이드에 미리 표시됩니다.

03 표 아래쪽 테두리 선의 가운데 부분에 마우스를 갖다대면 마우스 포인터가 화살표 모양(↕)이 됩니다 이때 아래쪽으로 드래그해 셀의 높이를 균등하게 늘립니다.

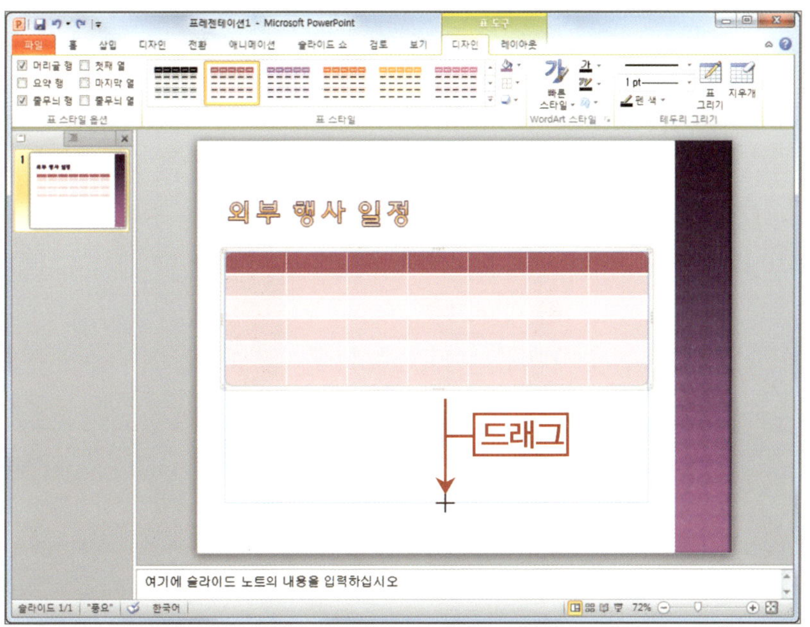

TIP 마우스 포인터가 (↔) 모양이 되었을 때 드래그하면 해당 줄 또는 칸의 넓이만 조절되고 전체 크기는 조절되지 않습니다.

04 다음과 같이 표 안에 내용을 입력합니다. 글꼴 색을 변경할 부분을 드래그해 선택한 후 [홈]-[글꼴 색](가·)을 선택해 아래 이미지와 같이 각각의 글꼴 색을 변경합니다.

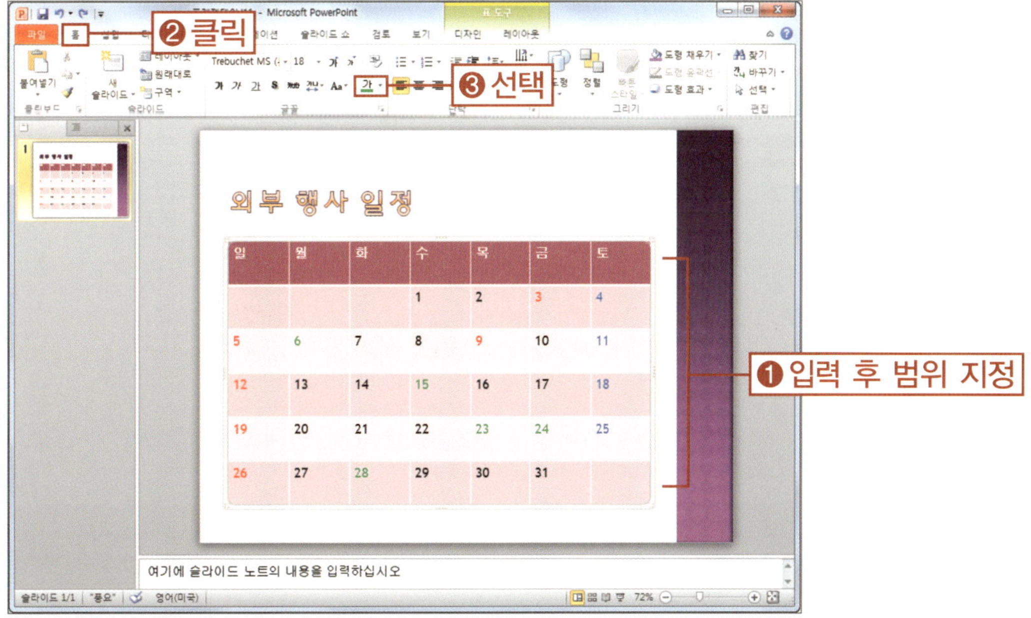

05 첫 줄을 드래그해 범위를 지정하고 [표 도구]–[레이아웃] 탭에서 [가운데 맞춤](☰)을 클릭하고 다시 [세로 가운데 맞춤](▤)을 클릭해 텍스트를 셀의 가운데로 맞춥니다.

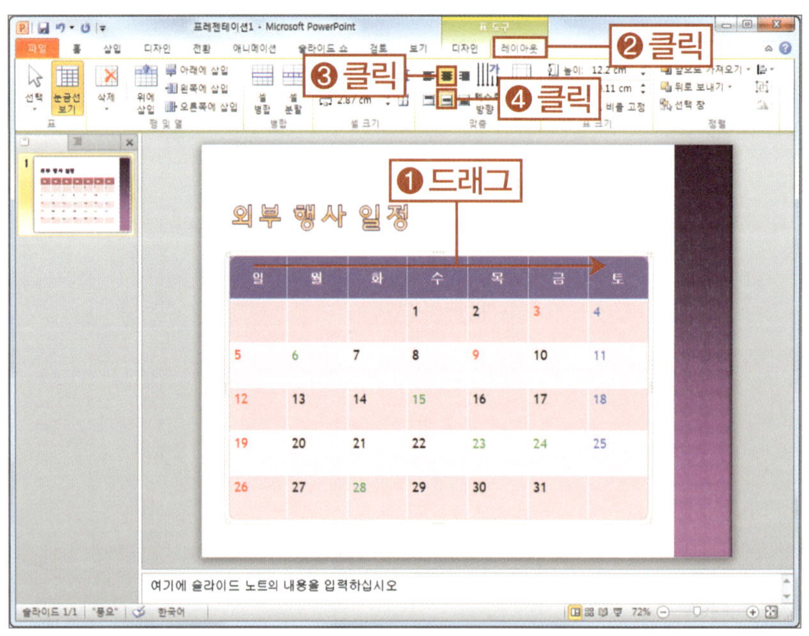

TIP [홈] 탭의 단락 그룹에서 [가운데 맞춤](☰)을 선택하거나 [텍스트 맞춤](▤▾)을 클릭해 위치를 정렬할 수도 있습니다.

06 [표 도구]–[디자인] 탭에서 [효과](◉▾)를 클릭하고 [셀 입체 효과]–[리블렛]을 선택합니다.

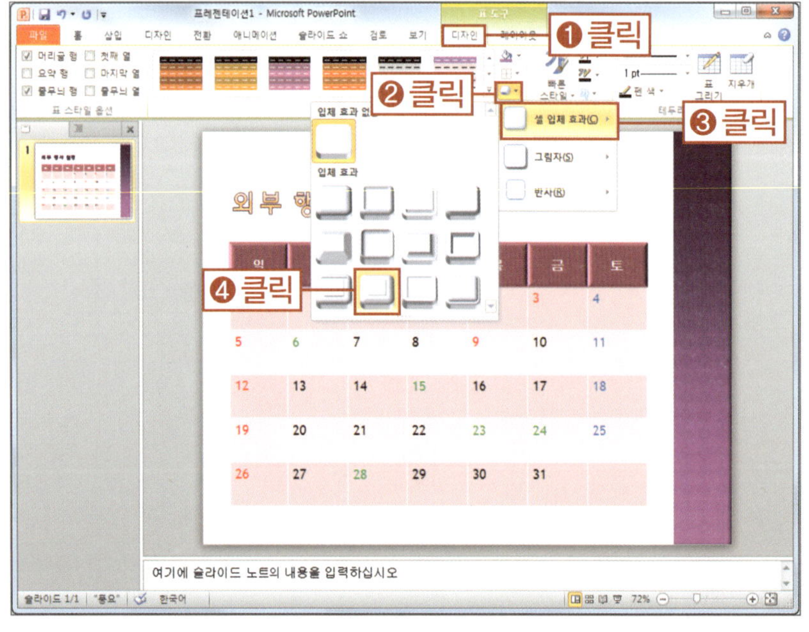

TIP [표 스타일] 목록에서 다른 스타일을 선택해 변경할 수도 있습니다.

07 [표 도구]–[디자인] 탭에서 다시 [효과]를 클릭하고 [그림자]를 클릭합니다. 이후 [바깥쪽]–[오프셋 대각선 오른쪽 아래]를 선택합니다.

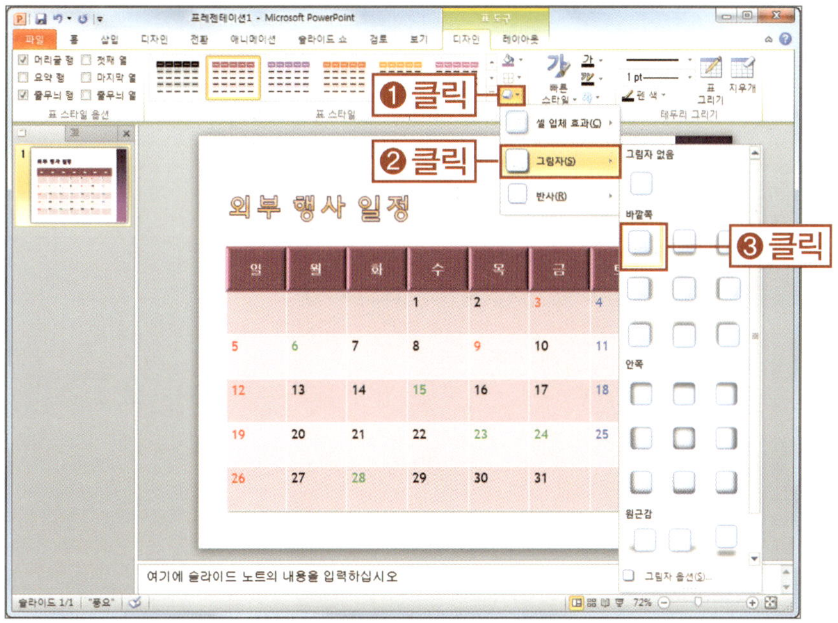

08 강조할 녹색 글자의 범위를 드래그하여 지정한 후 [표 도구]–[디자인] 탭에서 [텍스트 효과]를 클릭하고 [네온]–[주황, 18 pt 네온, 강조색 3]을 선택합니다. 다른 녹색 글자들에도 각각 같은 네온 효과를 지정합니다.

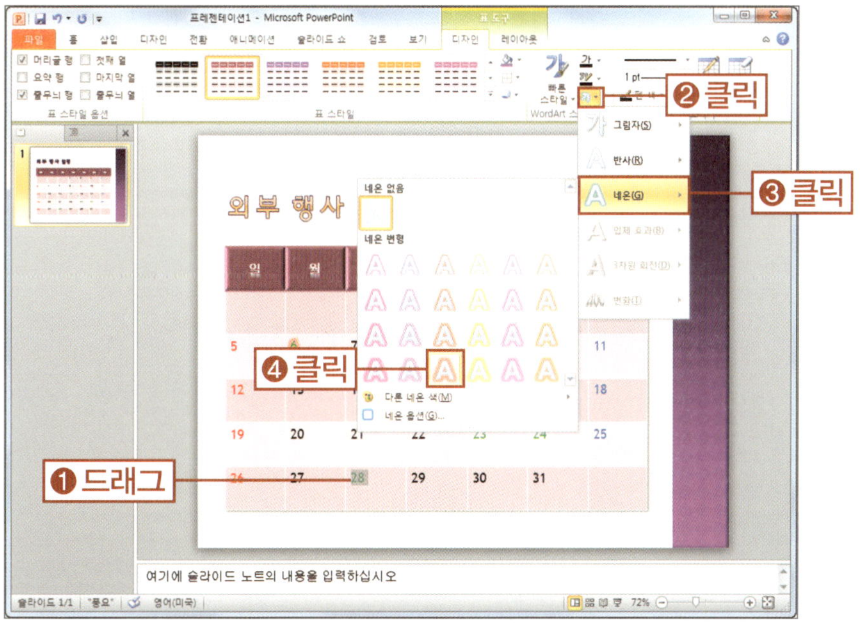

01 '09_1분기 실적 현황.pptx' 문서를 불러온 후 슬라이드에 '5×6'의 표를 삽입해 다음과 같은 스타일로 꾸며 보세요.

HINT [삽입]–[표]– '5×6'의 표 삽입→크기 및 위치 조절→내용 입력→[표 도구]–[디자인] 탭의 [표 스타일] 목록에서 [어둡게]–[어두운 스타일 1–강조 1] 선택→[표 도구]–[레이아웃] 탭에서 [가운데 맞춤](≡)을 클릭하고 다시 [세로 가운데 맞춤](目)를 클릭

02 '09_소모품.pptx' 문서를 불러온 후 슬라이드에 '7×8'의 표를 삽입해 다음과 같은 스타일로 꾸며 보세요.

HINT [삽입]–[표]– '7×8'의 표 삽입→크기 및 위치 조절→내용 입력→[표 도구]–[디자인] 탭의 [표 스타일] 목록에서 [밝게]–[밝은 스타일 1] 선택→4번째 칸을 세로로 범위 지정–[표 도구]–[디자인] 탭에서 [텍스트 효과](가·)–[네온]–[황록색, 18 pt 네온, 강조색 6] 선택

10 슬라이드 마음대로 다루기

파워포인트 문서는 여러 개의 슬라이드로 구성됩니다. 따라서 슬라이드 중간에 새 슬라이드를 추가하거나 슬라이드를 삭제할 수 있으며, 이동 시키거나 복사할 수 있습니다. 필요에 따라 기본 보기 또는 여러 슬라이드 보기 상태로 전환하면서 슬라이드를 다루는 방법에 대해 알아봅니다.

ㅣ이런 걸 배워요!ㅣ 슬라이드 복사와 복제, 슬라이드 이동, 슬라이드 삽입과 삭제

미리보기

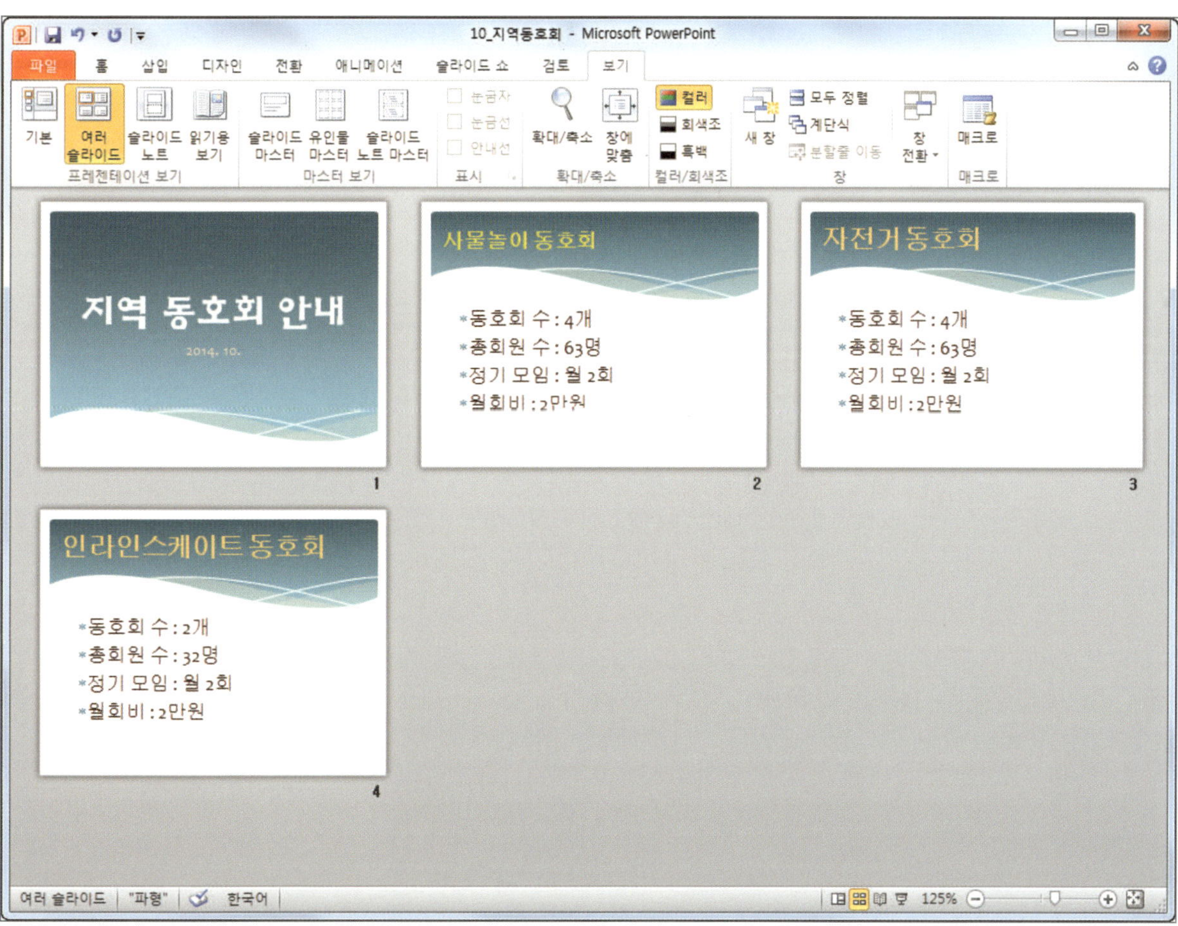

01 예제 및 완성 파일 폴더에서 '10_지역동호회.pptx' 문서를 불러옵니다.

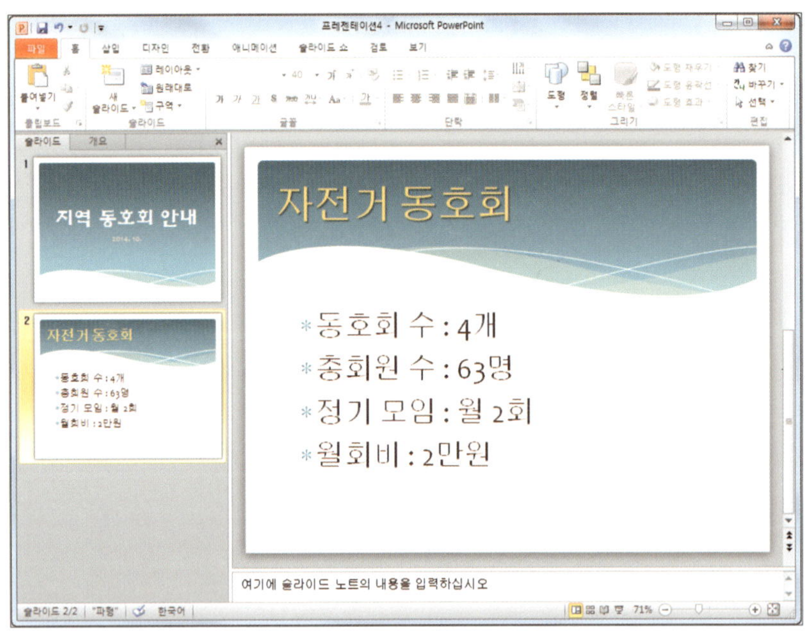

02 왼쪽 슬라이드 창의 '슬라이드 2'에서 마우스의 오른쪽 단추를 클릭하고 [슬라이드 복제]를 선택합니다.

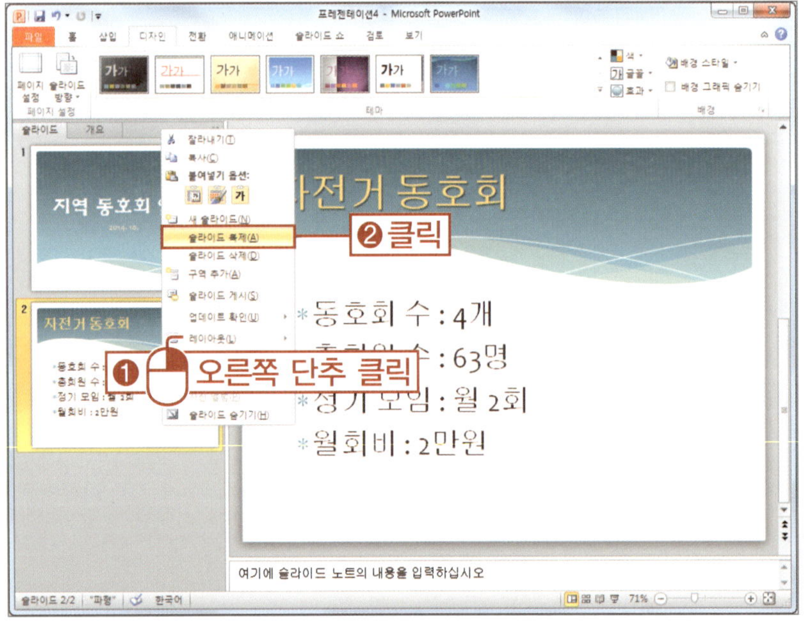

TIP 슬라이드의 복제를 실행하면 해당 슬라이드 바로 아래에 복제된 슬라이드가 생성됩니다.

03 '슬라이드 2'와 같은 내용의 '슬라이드 3'이 생기면 다음과 같이 내용을
수정해 완성합니다.

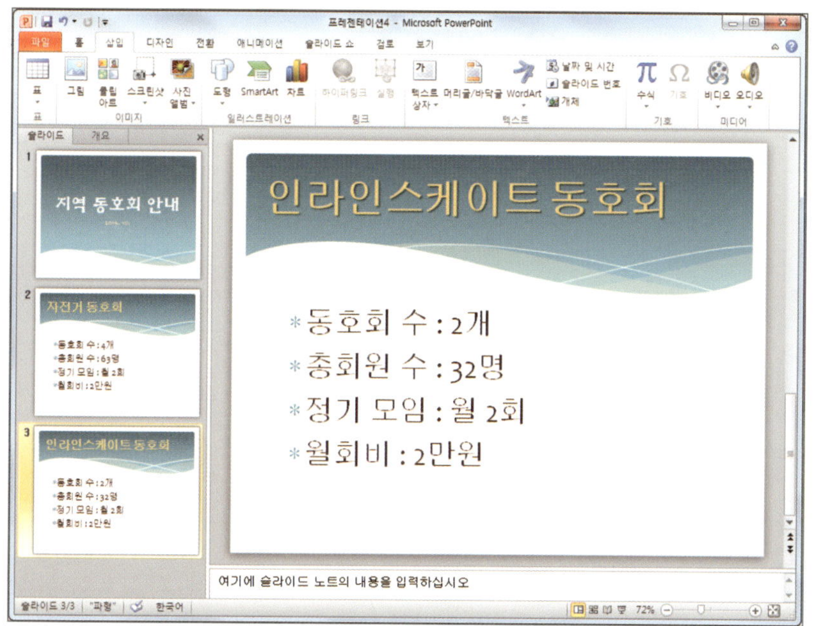

TIP 비슷한 형식의 슬라이드를 추가로 작성하는 경우에는 기존 슬라이드를 복제해 수정하면 편리합
니다.

04 '슬라이드 2'와 '슬라이드 3' 사이를 클릭해 커서가 깜박이면 [홈] 탭을
클릭한 후 [새 슬라이드]( )를 클릭합니다.

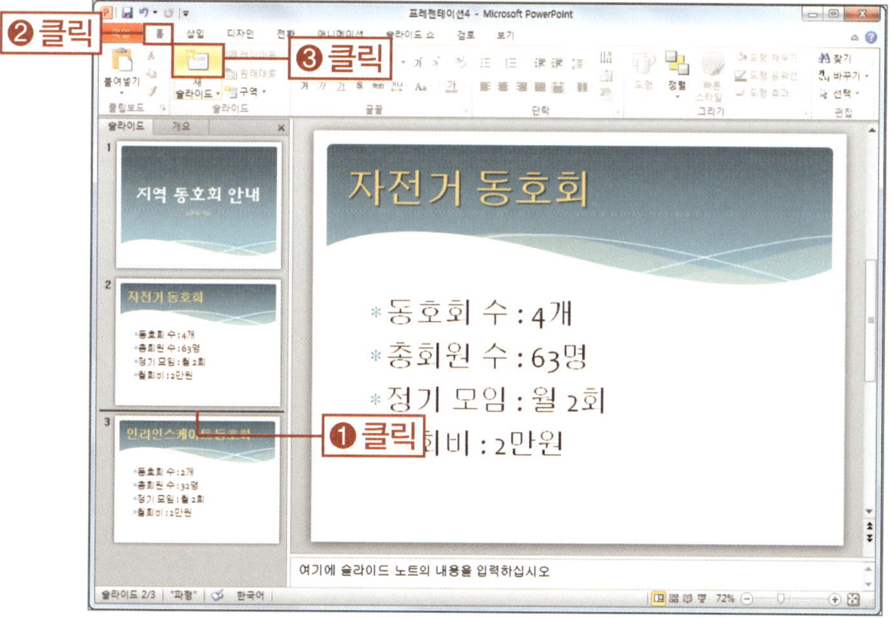

05 커서 위치에 빈 슬라이드가 삽입되고 '슬라이드 3'은 '슬라이드 4'가 됩니다. 빈 슬라이드에 다음과 같이 내용을 입력합니다.

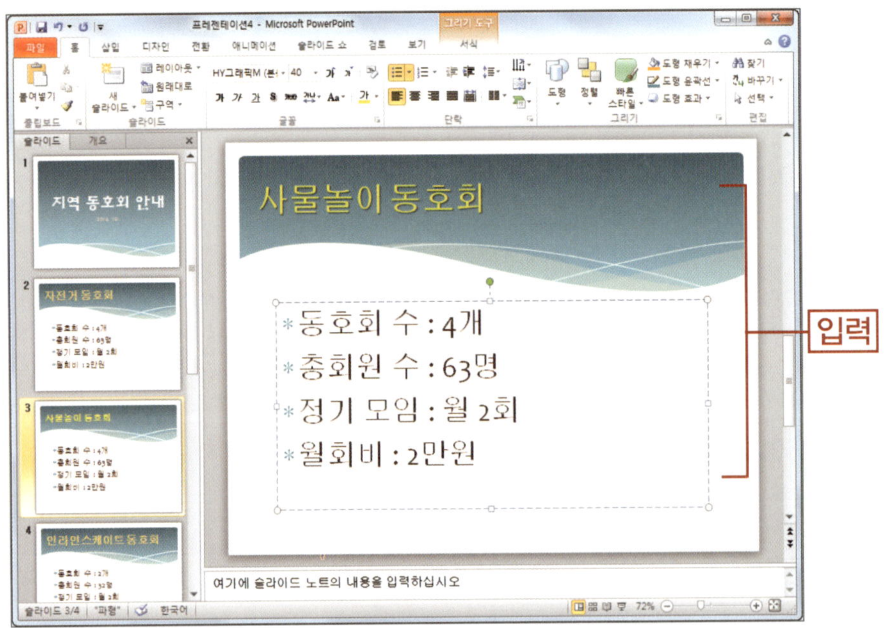

> **TIP** 제목은 [텍스트 왼쪽 맞춤]( ), [굵게]( ), [텍스트 그림자]( ), (노랑)으로 설정, 본문 내용의 글꼴 크기는 '40'으로 설정합니다.

06 [보기] 탭을 클릭한 후 [여러 슬라이드]를 클릭해 여러 슬라이드 보기 상태로 변경합니다. 이후 [창에 맞춤]을 클릭해 슬라이드의 크기를 조정합니다.

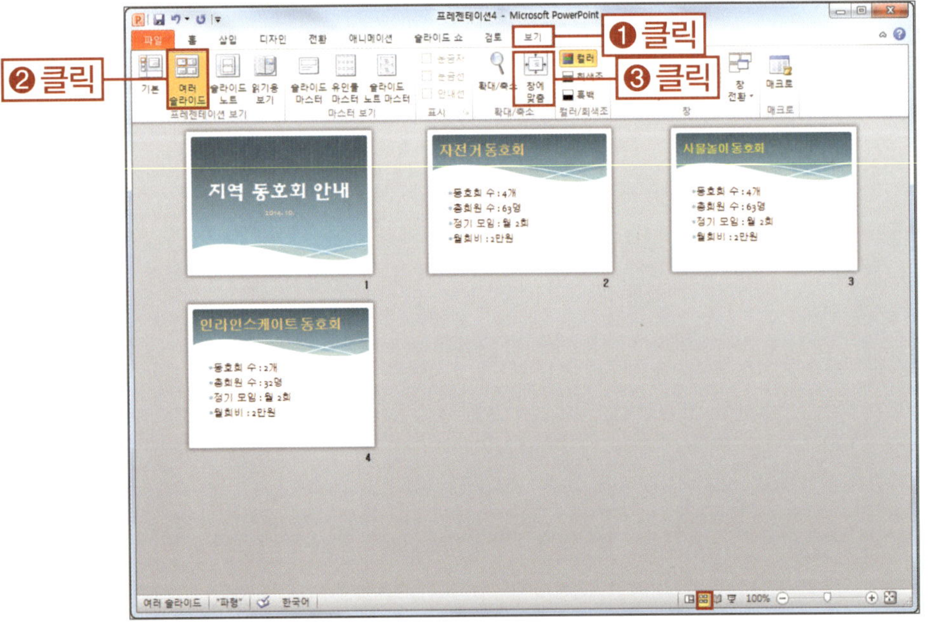

> **TIP** 창 아래 작업 표시줄에서 [여러 슬라이드]( )를 클릭해도 됩니다.

07 '슬라이드 4'를 이동시키기 위해 '슬라이드 4'를 드래그한 채로 '슬라이드 2'와 '슬라이드 3' 사이에 위치시킵니다.

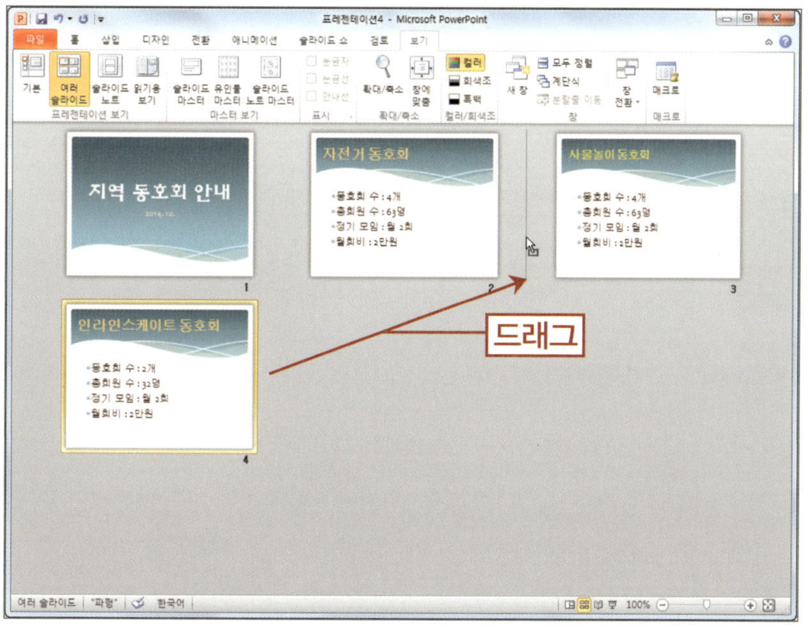

08 '슬라이드 4'(인라인스케이트)가 '슬라이드 2'(자전거)와 '슬라이드 3'(사물놀이) 사이로 이동한 것을 확인합니다. Ctrl을 누른 채 '슬라이드 4'(사물놀이)를 클릭하여 '슬라이드 1'(제목)과 '슬라이드 2'(자전거) 사이로 드래그합니다.

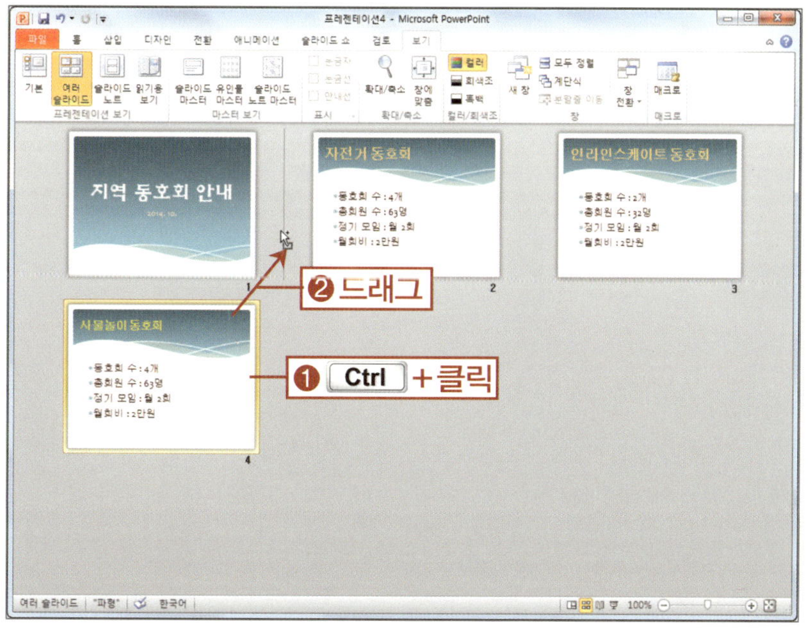

TIP 슬라이드를 복사하려면 Ctrl을 누른 채 드래그합니다.

09 '슬라이드 1'(제목)과 '슬라이드 2'(자전거) 사이에 슬라이드(사물놀이)가 복사된 것을 확인할 수 있습니다. 이번에는 '슬라이드 5'를 선택하고 **Delete** 를 누릅니다.

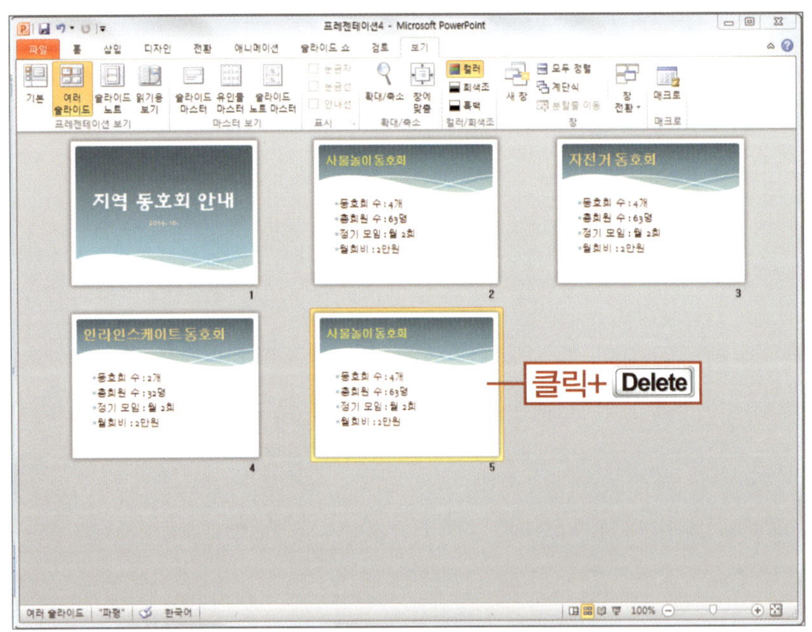

10 '슬라이드 5'가 삭제된 것을 확인할 수 있습니다. [보기] 탭에서 [기본]을 클릭해 기본 보기 상태로 이동합니다.

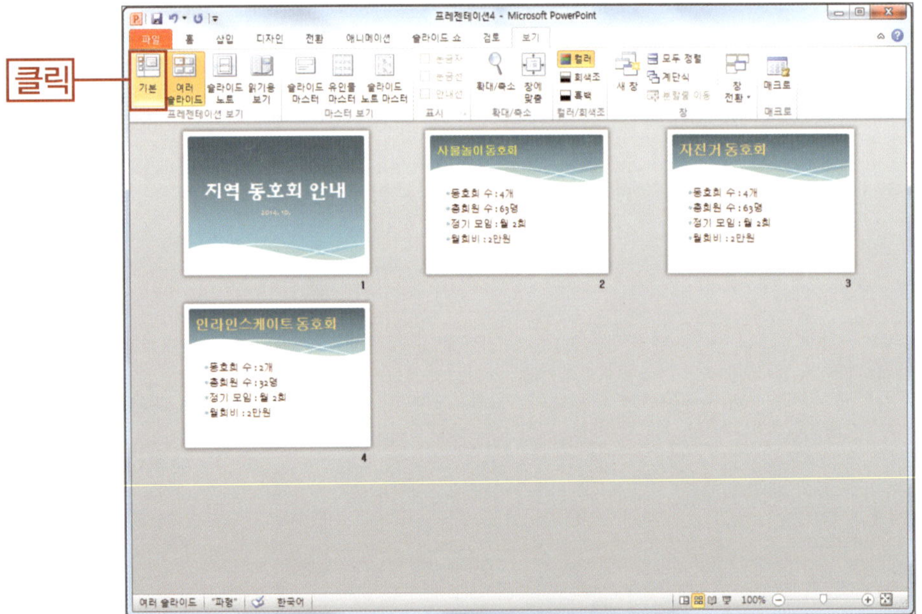

01 '10_청소년봉사.pptx'를 불러와 '슬라이드 2'를 복제한 후 내용을 수정해 '슬라이드 3'을 완성해 보세요.

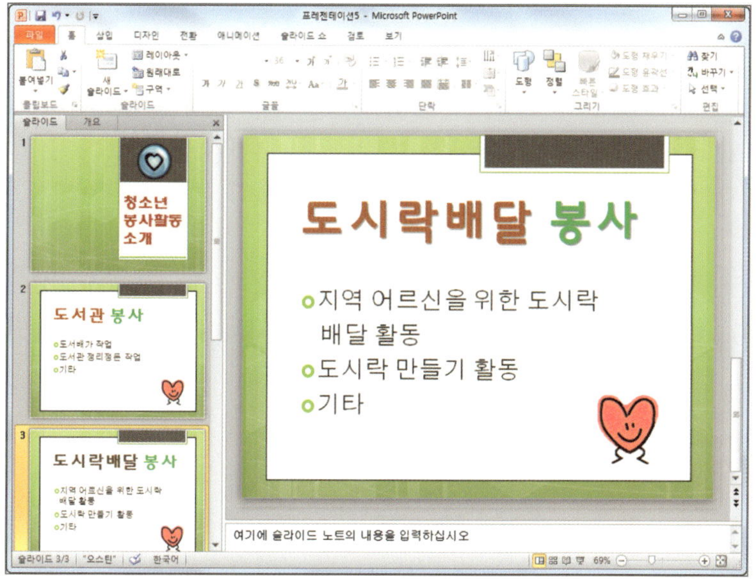

HINT '슬라이드 2'에 마우스 오른쪽 단추를 클릭한 후 [슬라이드 복제] 선택→위 이미지와 같이 내용 수정

02 위 문서에서 [여러 슬라이드] 창으로 전환한 후 '슬라이드 2'와 '슬라이드 3'을 각각 끝으로 복사해 '슬라이드 4'와 '슬라이드 5'로 만들어 보세요.

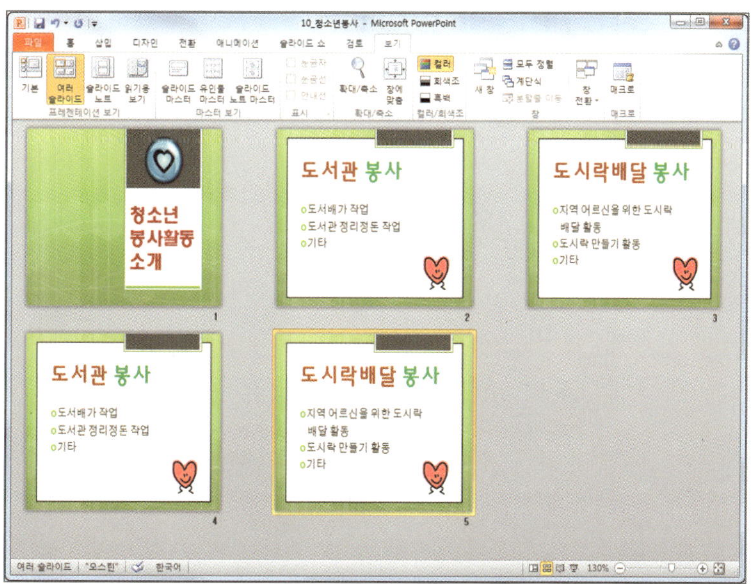

HINT [보기] 탭에서 [여러 슬라이드 보기] 클릭→ Ctrl 누른 상태로 '슬라이드 2'를 클릭한 후 맨 끝으로 드래그→ Ctrl 누른 상태로 '슬라이드 3'을 클릭한 후 맨 끝으로 드래그

11 도형 삽입하고 디자인 적용하기

파워포인트 2010은 다양한 모양의 도형을 제공해 슬라이드에 삽입할 수 있습니다. 삽입된 도형은 여러 가지 색과 효과로 된 스타일을 적용할 수 있습니다. 슬라이드에 도형을 삽입하고 스타일을 적용하는 방법에 대해 알아봅니다.

| 이런 걸 배워요! | 도형 삽입, 도형 스타일 지정, 도형 복사

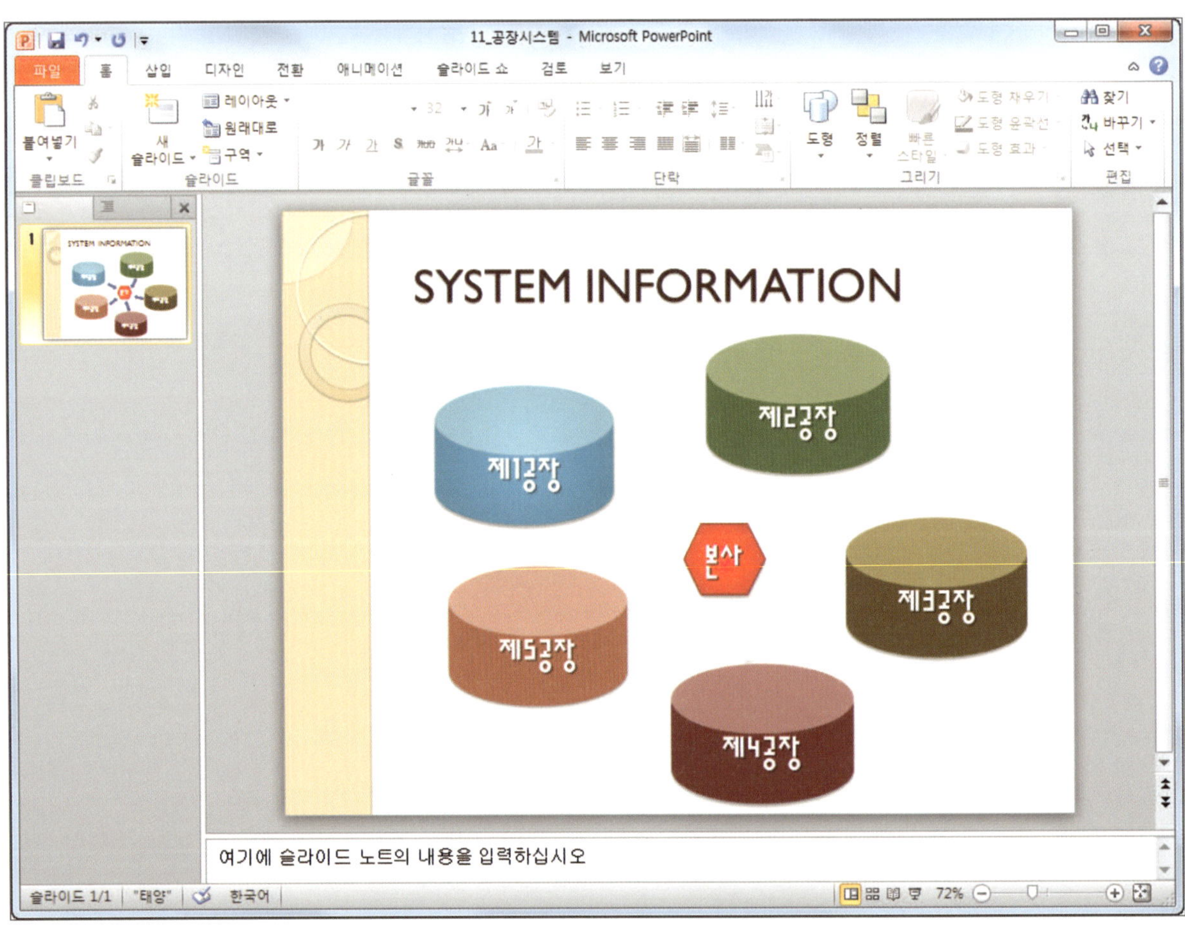

01 예제 및 완성 파일 폴더에서 '11_공장시스템.pptx' 문서를 불러옵니다.

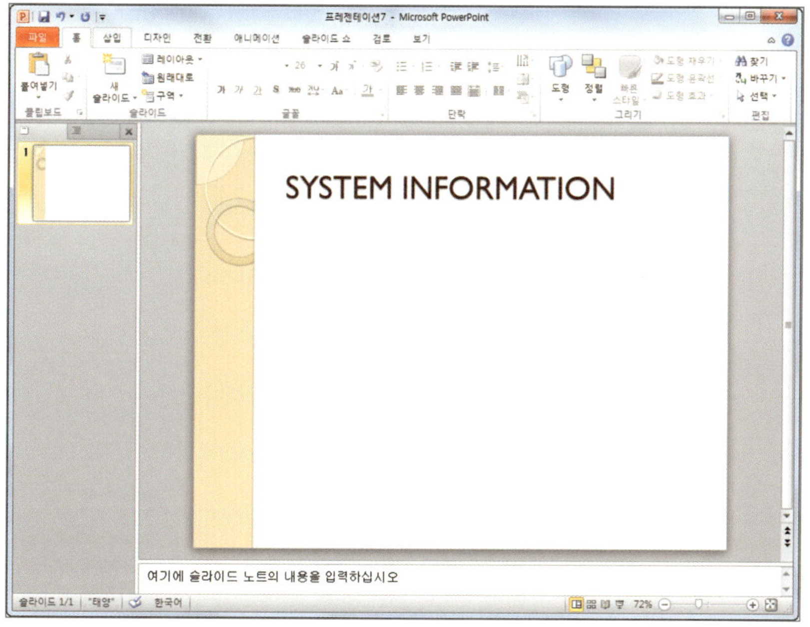

02 [삽입] 탭을 클릭한 후 [도형]을 클릭합니다. 기본 도형 목록에서 [원통]을 선택합니다.

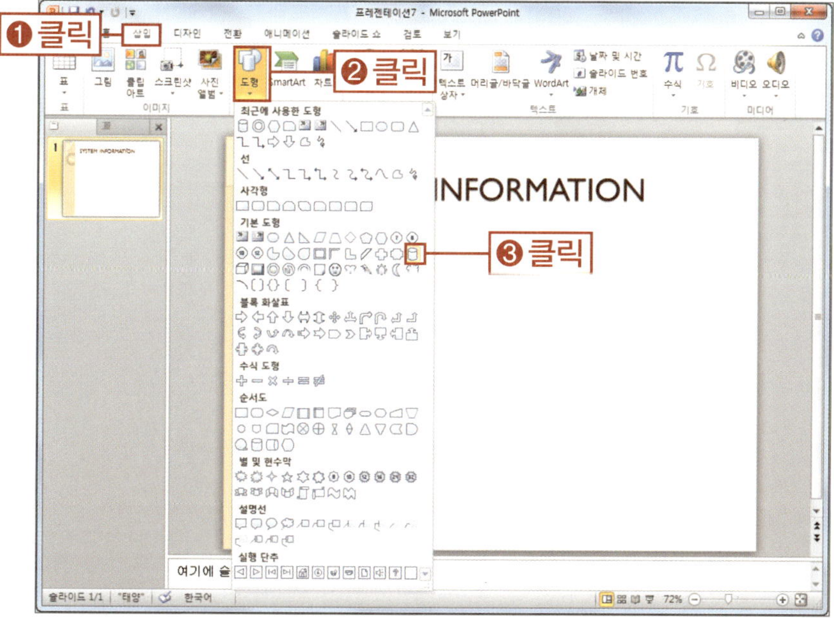

03 마우스 포인터가 십자 모양이 되면 대각선 방향으로 드래그해 다음과 같은 크기의 도형을 삽입합니다.

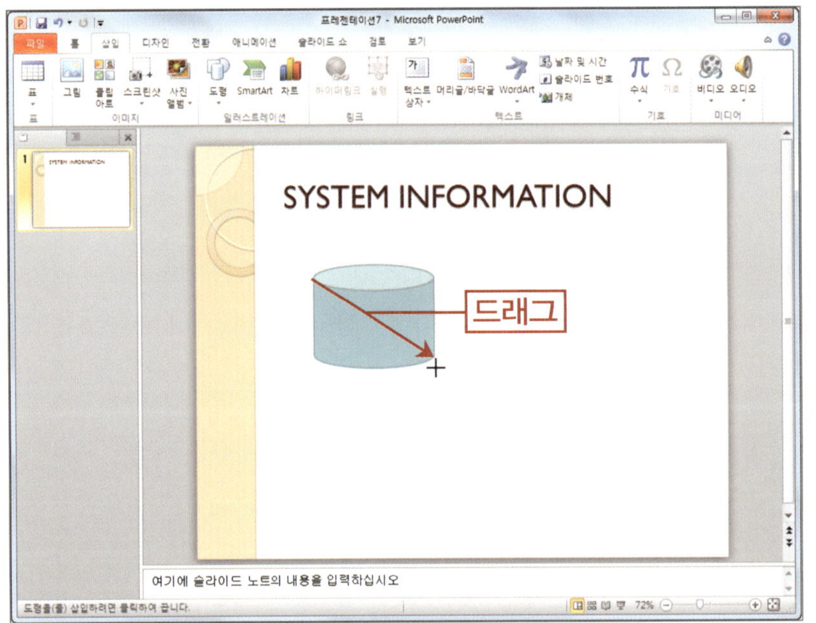

04 노란색 모양 조절 핸들을 아래쪽으로 드래그해 원통의 높이를 조절합니다.

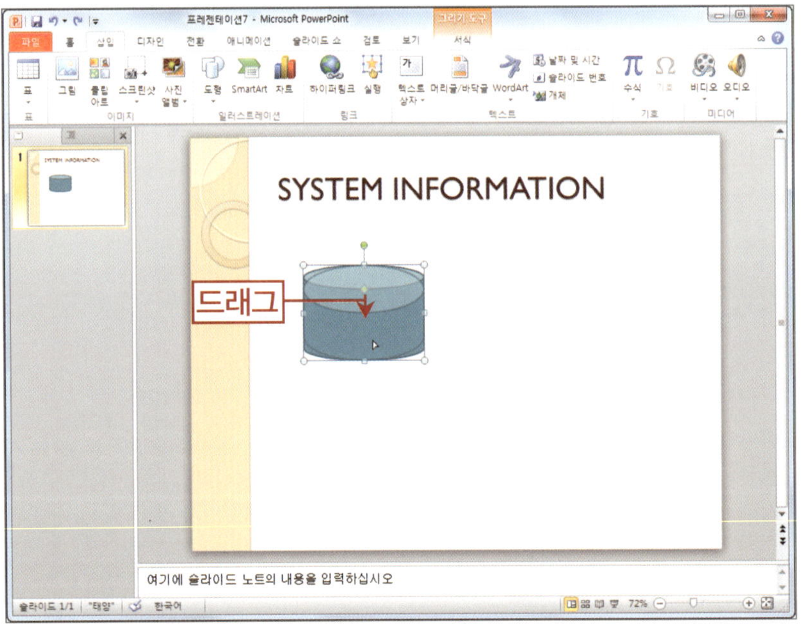

TIP 도형에 있는 노란색 모양 조절 핸들을 드래그하면 도형의 일부 모양을 조절할 수 있습니다.

05 [삽입] 탭을 클릭한 후 [도형]을 선택합니다. 기본 도형 목록에서 [육각형] 을 선택합니다.

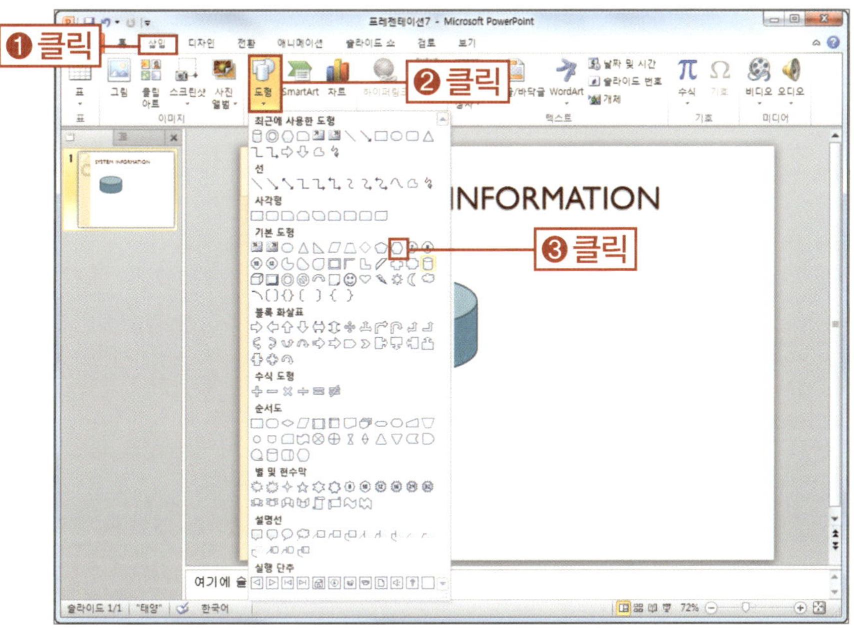

06 마우스 포인터가 십자 모양이 되면 대각선 방향으로 드래그해 도형을 삽 입합니다.

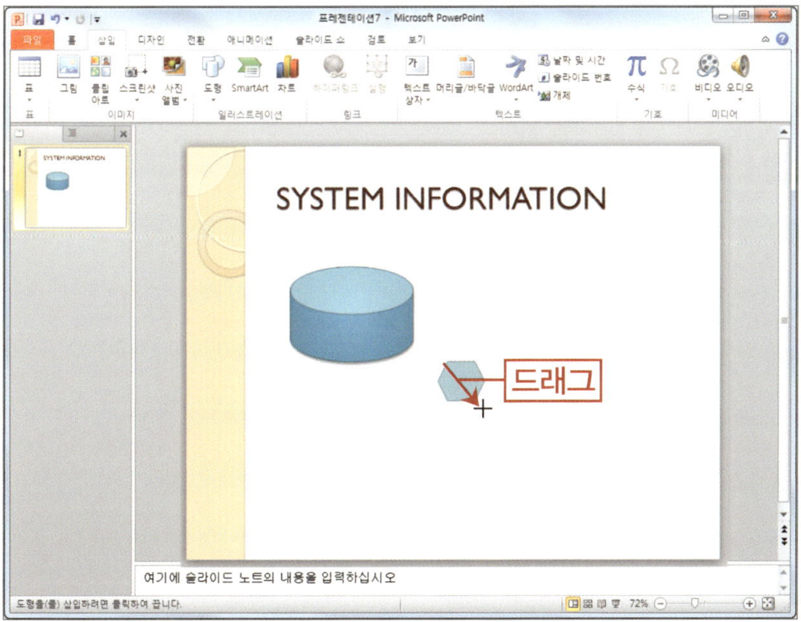

07 [그리기 도구]–[서식] 탭의 도형 스타일에 [자세히](▼)를 클릭합니다. 목록에서 [보통 효과–빨강, 강조 3]을 선택해 적용합니다.

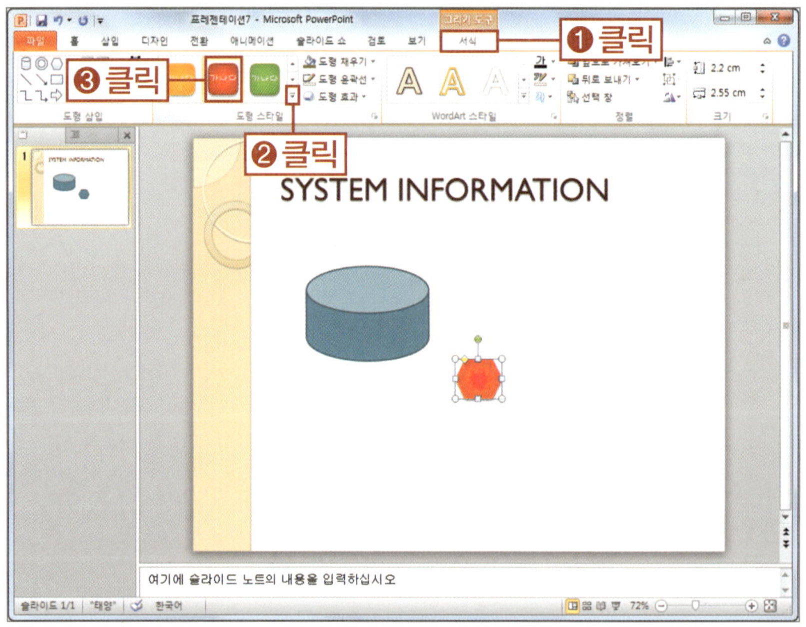

08 이번에는 원통 도형을 선택한 후 [그리기 도구]–[서식] 탭의 [도형 스타일]에 [자세히](▼)를 클릭하여 [보통 효과–바다색, 강조 1]을 선택합니다.

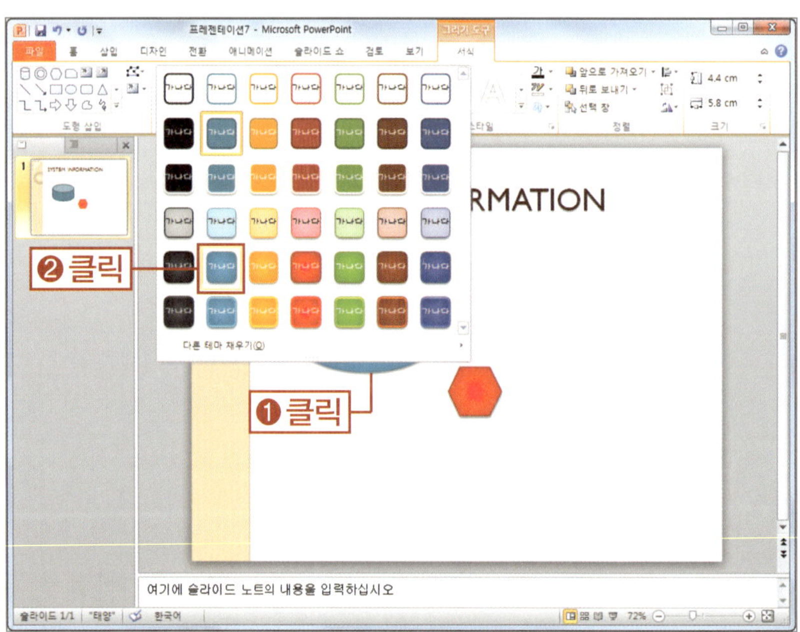

09 다시 [그리기 도구]–[서식] 탭의 [도형 윤곽선]을 클릭하고 [윤곽선 없음]을 선택합니다.

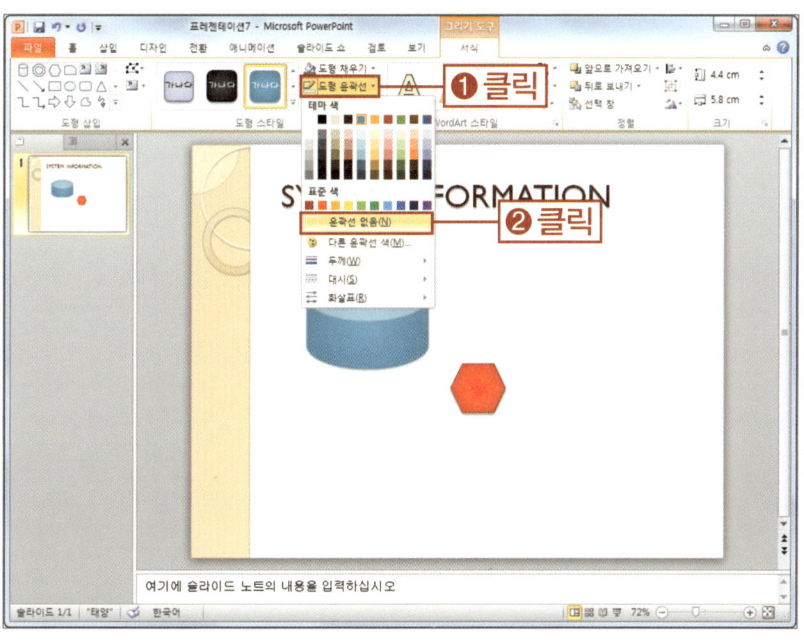

STEP 3 **도형에 글자 넣고 복사하기**

10 도형이 선택된 상태에서 글자를 입력해 도형 안에 삽입하고 글꼴 서식을 알맞게 설정합니다.

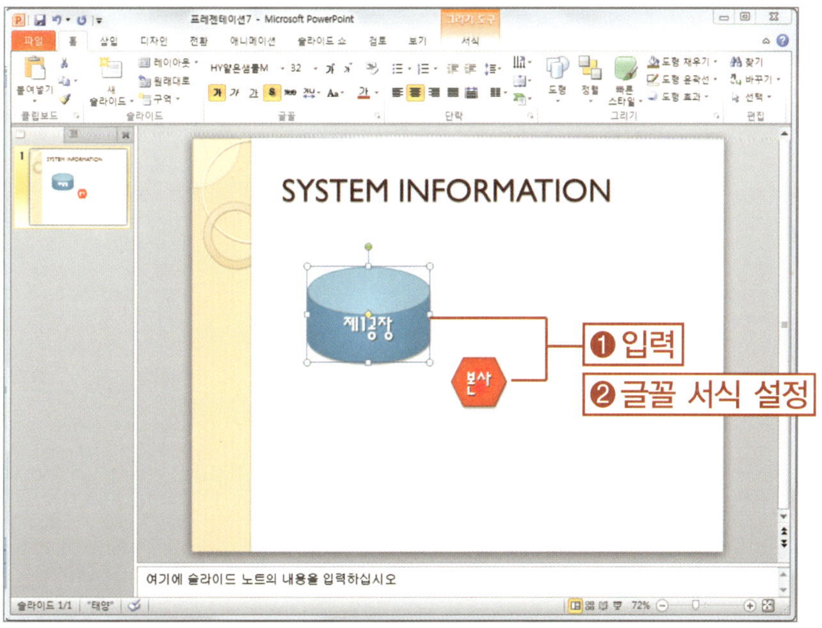

TIP 글꼴 서식은 'HY얇은샘물M', '32', '굵게(가)', '텍스트 그림자' (S)를 지정하였습니다.

11 원통 도형을 선택한 후 Ctrl 을 누른 채 드래그해 다음과 같이 네 개 더 복사합니다.

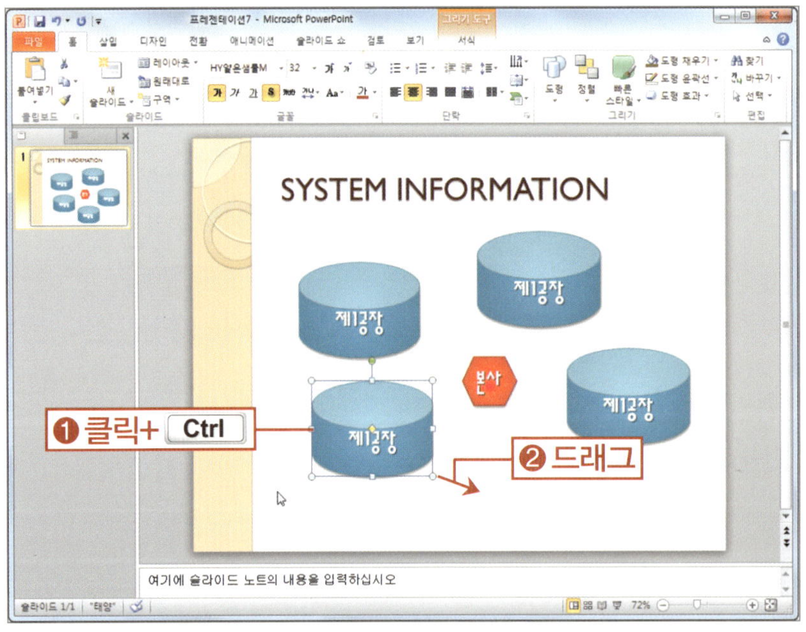

12 도형 안의 텍스트를 수정합니다. 다시 원통 도형을 하나씩 선택하고 [그리기 도구]–[서식] 탭에서 [도형 채우기]를 클릭하고 각각 다른 색으로 도형 채우기 색을 지정합니다.

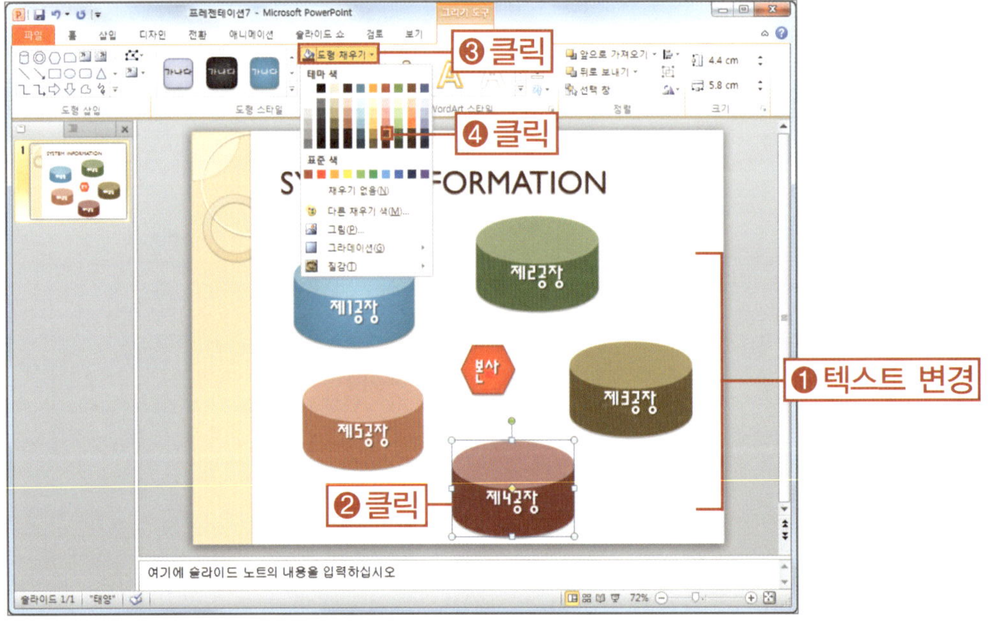

01 '11_1월 실적.pptx' 문서를 불러와 도형을 삽입한 후 글자를 입력해 다음과 같이 만들어 보세요.

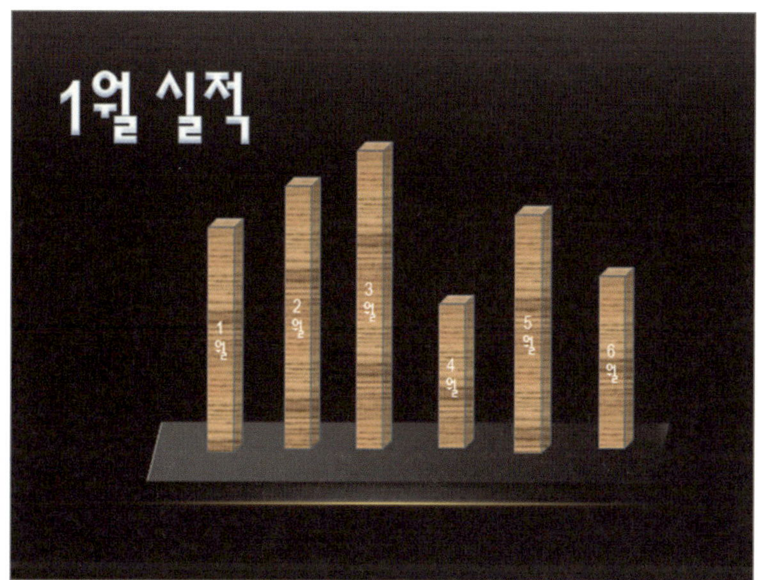

> **HINT** [삽입] 탭–[도형]–[기본 도형]에서 [정육면체] 삽입→[그리기 도구]–[서식] 탭에서 [도형 채우기]–[질감]–[오크] 선택→글자 입력→정육면체를 5개 더 복사한 후 그림과 같이 높이 조절→내용 변경

02 '11_서예대전.pptx' 문서를 불러와 도형을 삽입한 후 글자를 입력해 다음과 같이 만들어 보세요.

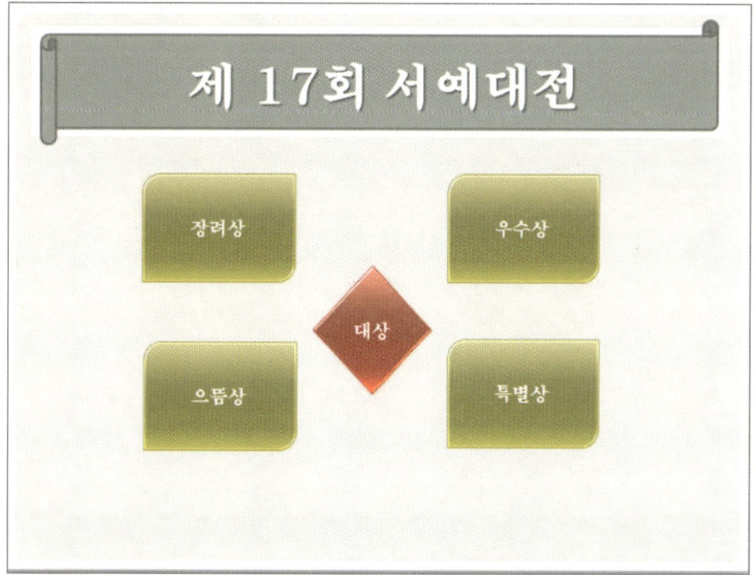

> **HINT** [삽입] 탭–[도형]–[사각형]에서 [대각선 방향의 모서리가 둥근 사각형] 삽입 후 크기 조절→내용 입력→[그리기 도구]–[서식] 탭의 도형 스타일에서 [강한 효과–황갈색, 강조3] 선택→도형을 3개 더 복사한 후 그림과 같이 배치→내용 변경→[삽입] 탭–[도형]–[기본 도형]에서 [다이아몬드] 삽입→내용 입력→[그리기 도구]–[서식] 탭의 도형 스타일에서 [강한 효과–빨강, 강조2] 선택

12 스마트아트 활용하기

문자로 복잡하게 설명하기 어려운 데이터 간의 관계나 흐름, 구조 등을 한 눈에 파악하기 위해 도형으로 만들어 제공하는 것을 스마트아트(SmartArt)라고 합니다. 간단한 선택만으로 다양한 구조의 스마트아트를 슬라이드에 삽입해 활용할 수 있고 사용자가 스타일을 변경할 수도 있습니다. 스마트아트의 활용 방법에 대해 알아봅니다.

| 이런 걸 배워요! | 스마트아트 삽입, 스마트아트 편집

미리보기

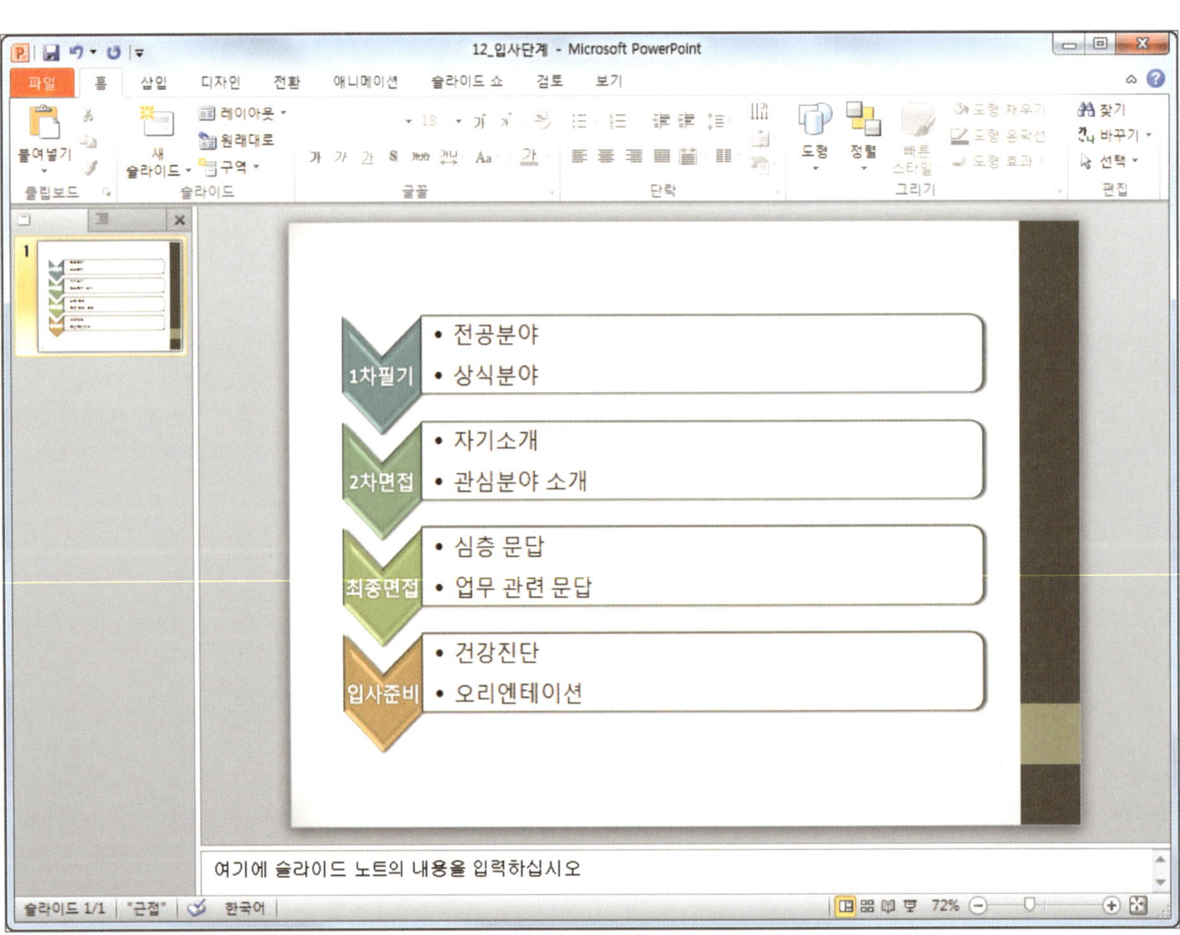

01 예제 및 완성 파일 폴더에서 '12_입사단계.pptx' 문서를 불러옵니다. [삽입] 탭을 선택한 후 [SmartArt]를 클릭합니다. [SmartArt 그래픽 선택] 대화상자가 나타나면 [프로세스형]을 선택하고 [세로 갈매기형 수장 목록형]을 선택한 후 [확인]을 클릭합니다.

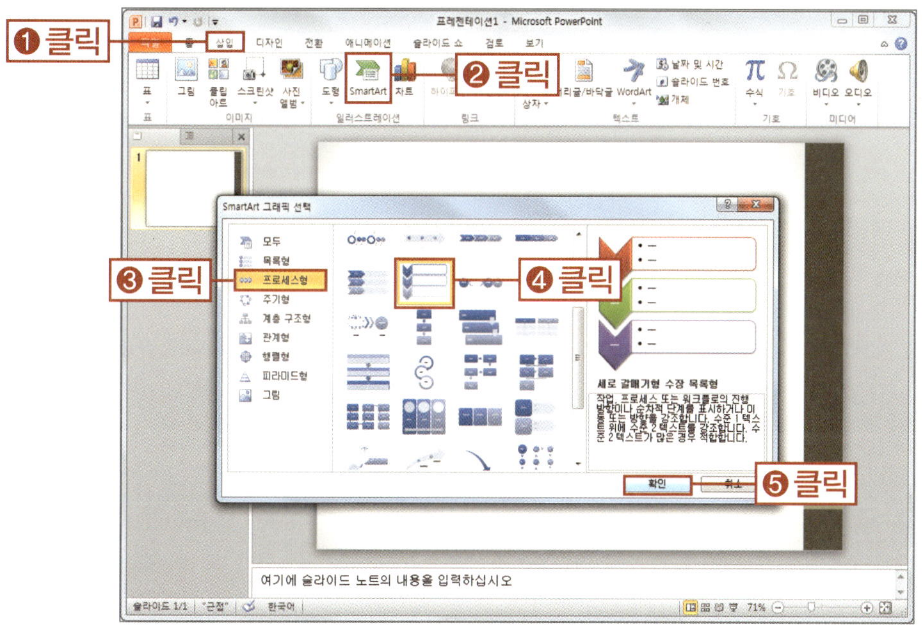

02 워드아트가 삽입되면 텍스트 입력 상자 안에 다음과 같이 내용을 입력합니다.

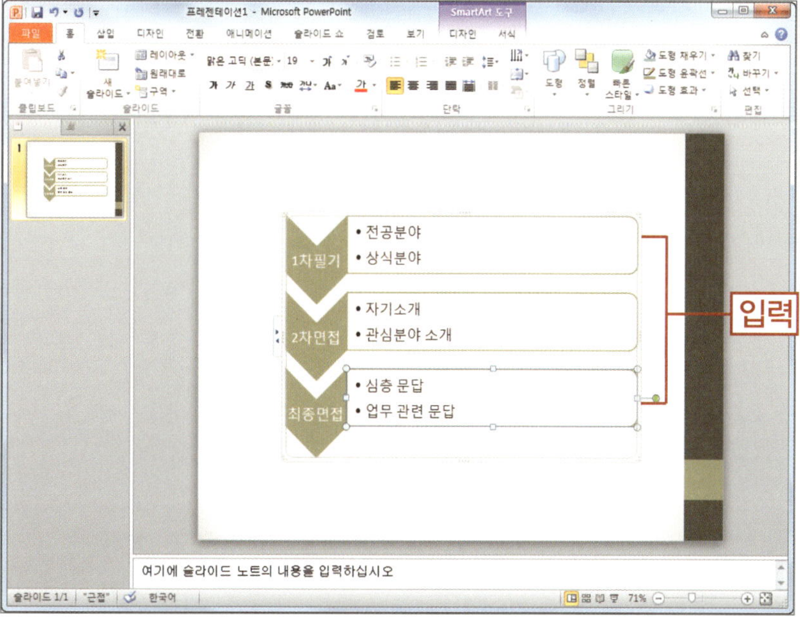

03 [SmartArt 도구]–[디자인] 탭에서 [색 변경]을 클릭하고 색상형 목록에서 [색상형 범위–강조색 4 또는 5]를 선택합니다.

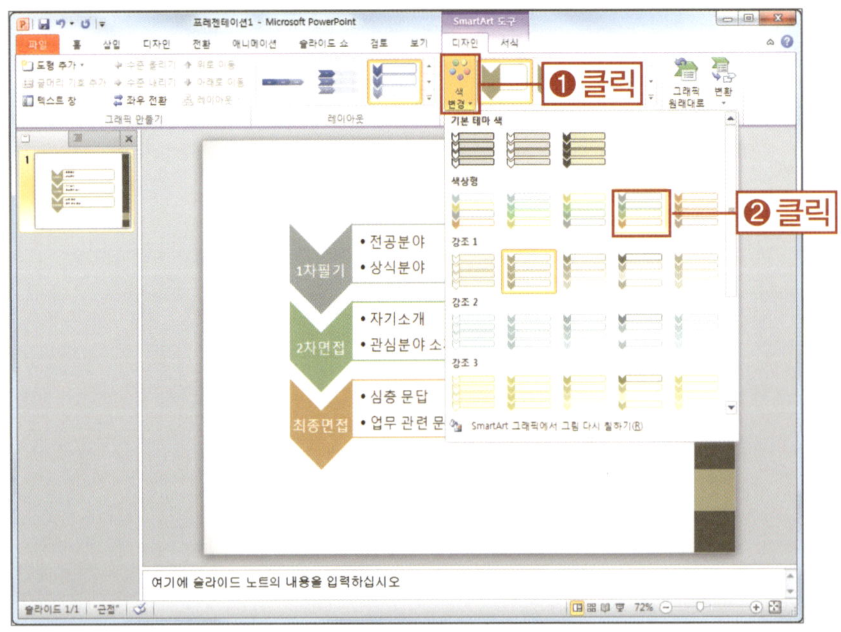

04 [SmartArt 도구]–[디자인] 탭에서 SmartArt 스타일의 [자세히](▼)를 클릭한 후 목록 중 [경사]를 선택합니다.

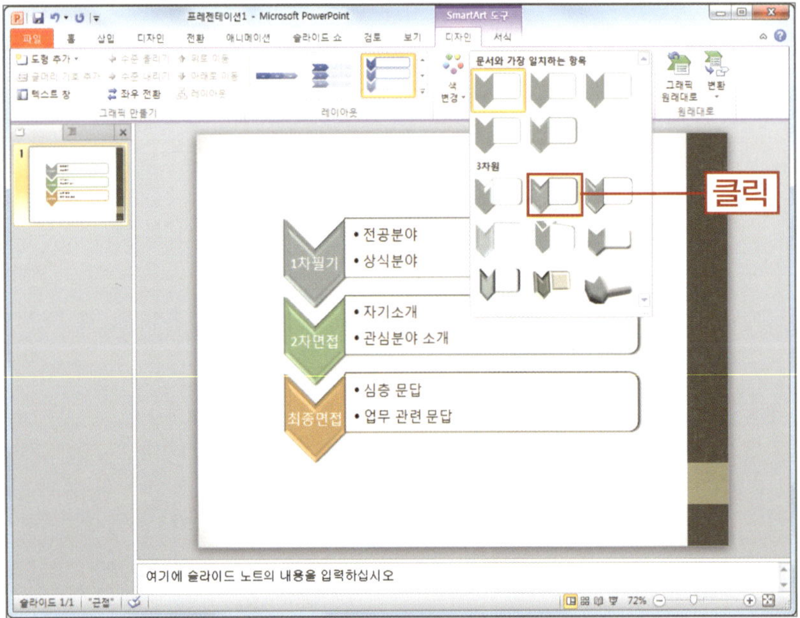

05 이후 [도형 추가]의 목록 단추(▾)를 클릭하고 [뒤에 도형 추가]를 선택합니다.

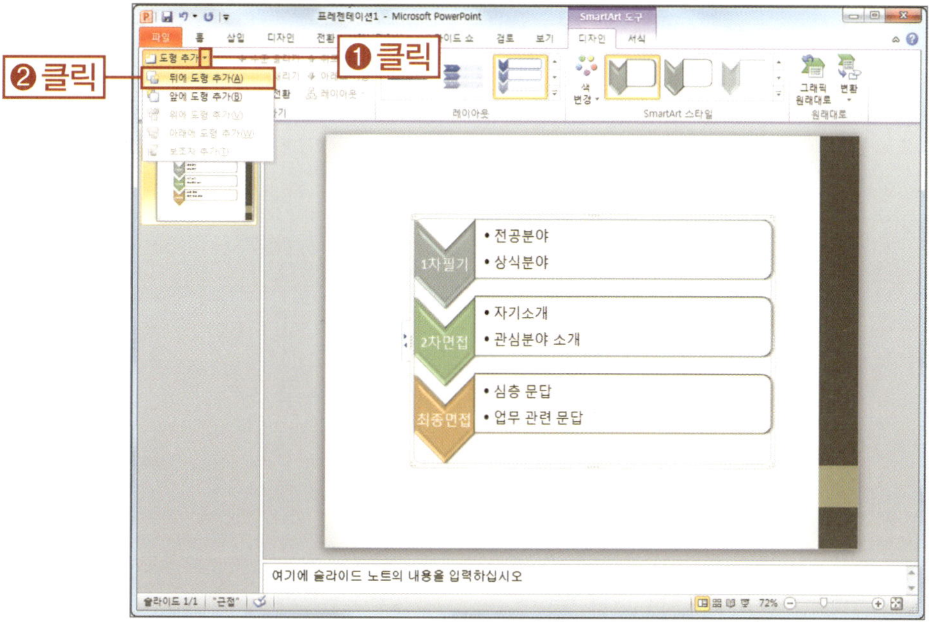

06 추가된 도형에 내용을 입력한 후 회색 테두리 부분을 드래그해 전체 크기를 확대합니다.

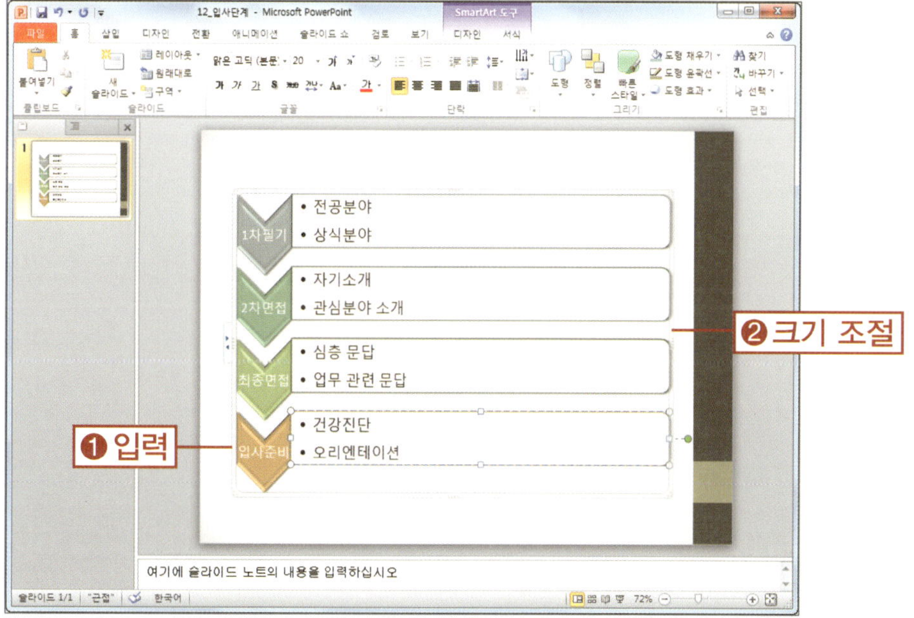

07 ‘1차필기’ 도형을 선택한 후 [SmartArt 도구]의 [서식] 탭을 클릭합니다. 이후 [도형 채우기]를 선택하고 [바다색, 강조 2, 25% 더 어둡게]를 클릭해 도형 색을 변경합니다.

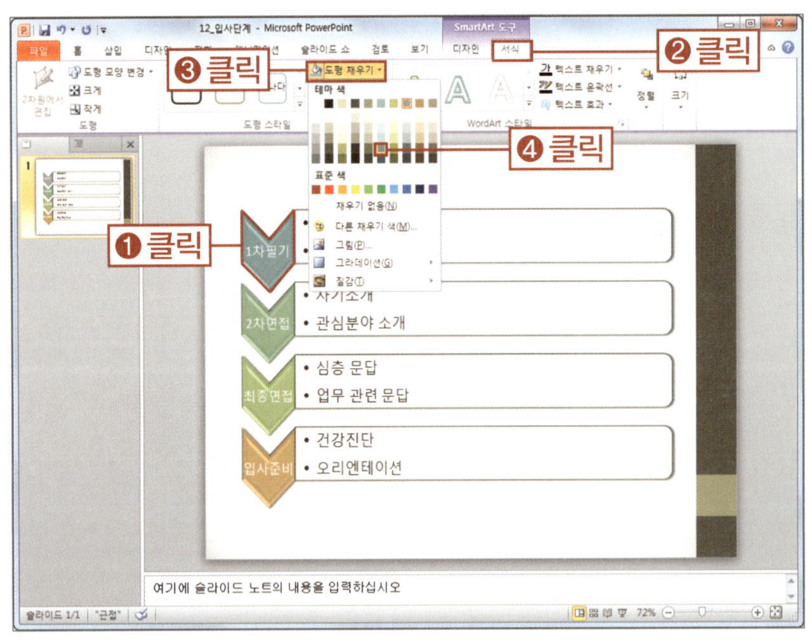

08 **Shift**를 누른 채 도형 네 개를 차례대로 클릭해 모두 선택합니다. 이후 WordArt 스타일 목록에서 [자세히]( )를 클릭한 후 [채우기-흰색 그림자]를 선택해 적용합니다.

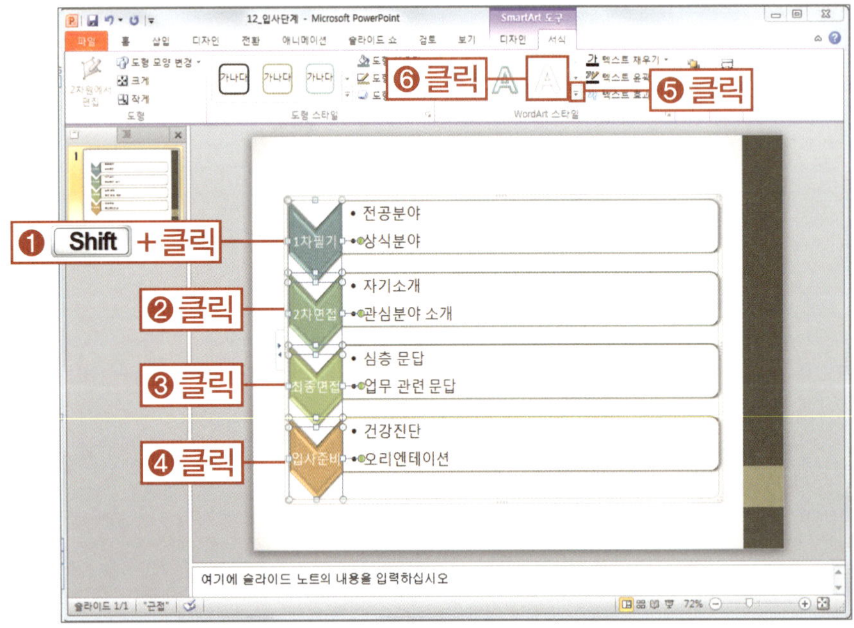

01 '12_영업부구조.pptx' 문서를 불러와 계층 구조형 스마트아트를 삽입하고 내용을 입력한 후 스타일을 지정해 다음과 같이 만들어 보세요.

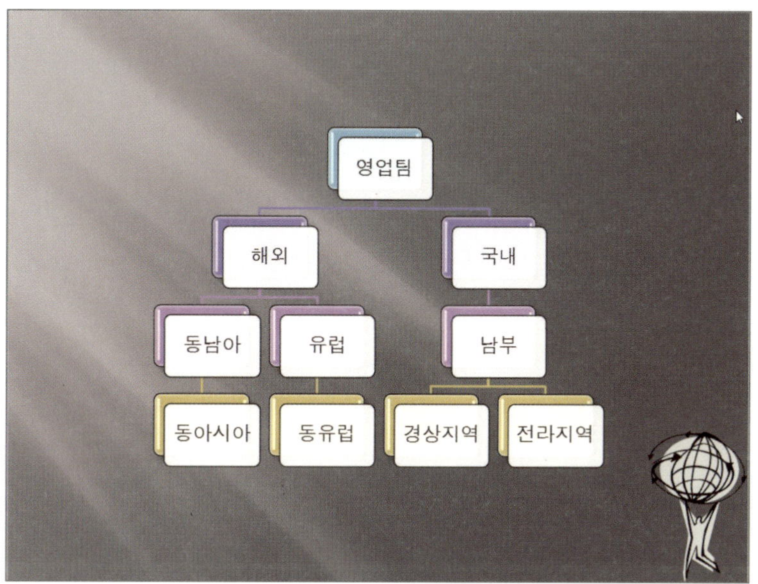

HINT [삽입]-[SmartArt] 클릭한 후 [계층 구조형] 선택→[계층 구조형] 클릭→내용 입력→[SmartArt 도구]-[디자인] 탭에서 [색 변경](색상형 범위-강조색 4 또는 5) 선택→SmartArt 스타일 목록에서 [만화] 선택→이미지와 같이 아래쪽에 도형 4개를 더 추가하고 내용 입력

02 '12_등산코스.pptx' 문서를 불러와 주기형 스마트아트를 삽입하고 내용을 입력한 후 스타일을 지정해 다음과 같이 만들어 보세요.

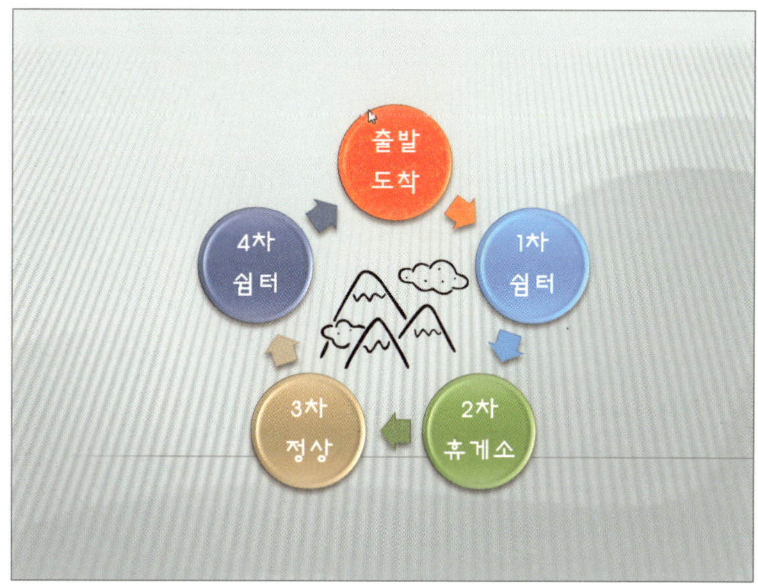

HINT [삽입]-[SmartArt] 클릭한 후 [주기형] 선택→[기본 주기형] 선택→내용 입력→[SmartArt 도구]-[디자인] 탭에서 [색 변경](색상형 - 강조색) 선택→SmartArt 스타일 목록에서 [경사] 선택→전체 크기 조정 후 글꼴(HY나무B) 지정

13 다양한 차트로 신뢰감 높이기

숫자로 된 많은 데이터를 한눈에 확인하고 비교하는 데에 가장 효과적인 기능이 차트입니다. 파워포인트 2010의 차트 기능을 활용하면 손쉽게 다양한 종류의 차트를 작성하고 꾸밀 수 있습니다. 자주 사용하는 종류의 차트를 슬라이드에 삽입하고 설정하는 방법을 알아봅니다.

| 이런 걸 배워요! | 차트 삽입, 차트 디자인 설정, 차트 레이아웃 설정

미리보기

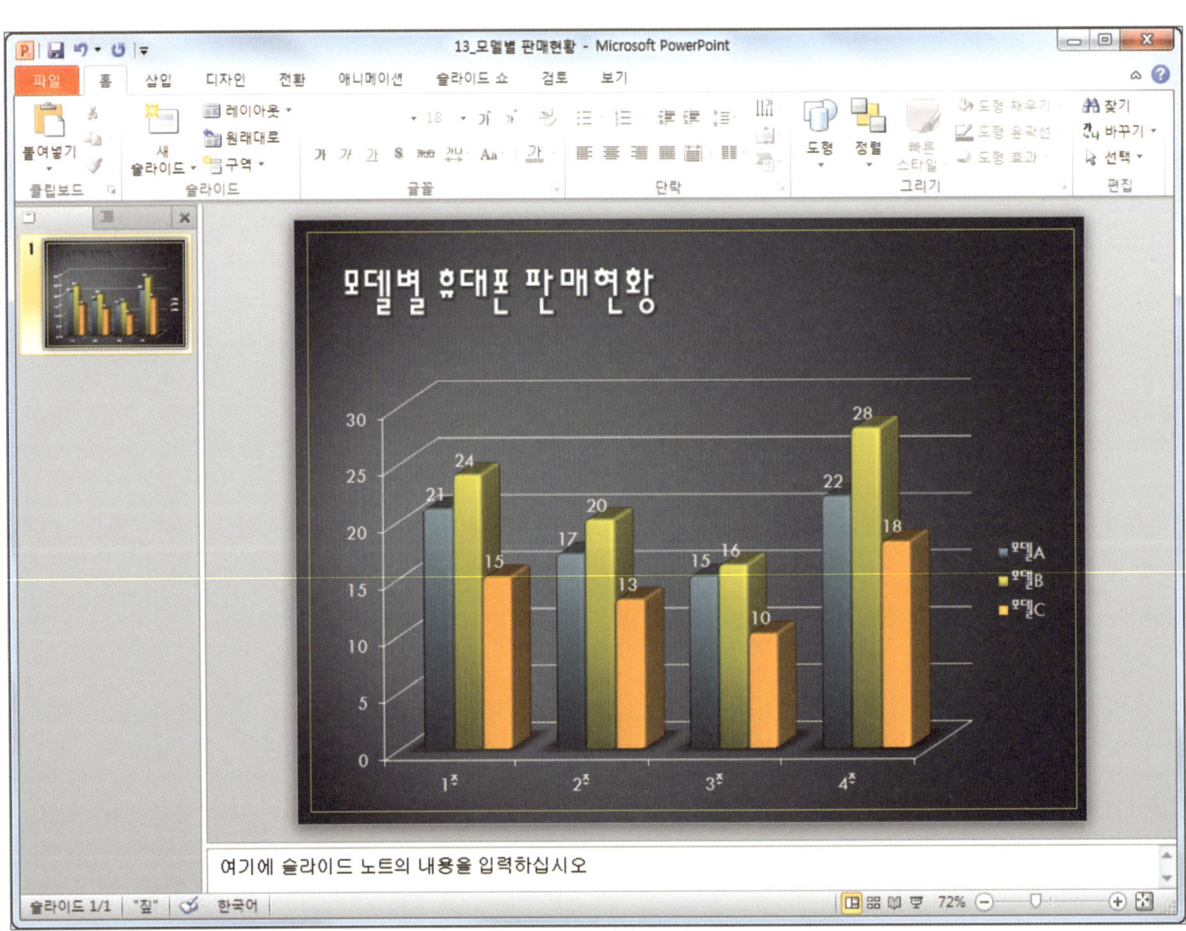

01 예제 및 완성 파일 폴더에서 '13_모델별 판매현황.pptx' 문서를 불러옵니다. [삽입] 탭을 선택하고 [차트]을 클릭합니다.

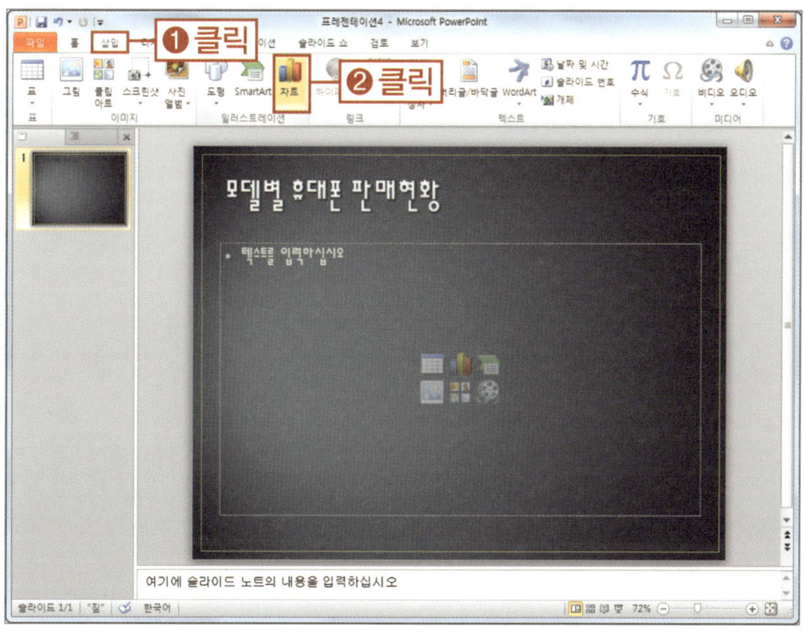

02 [차트 삽입] 대화상자가 나타나면 [세로 막대형]을 선택하고 [3차원 묶은 세로 막대형]을 선택한 후 [확인]을 클릭합니다.

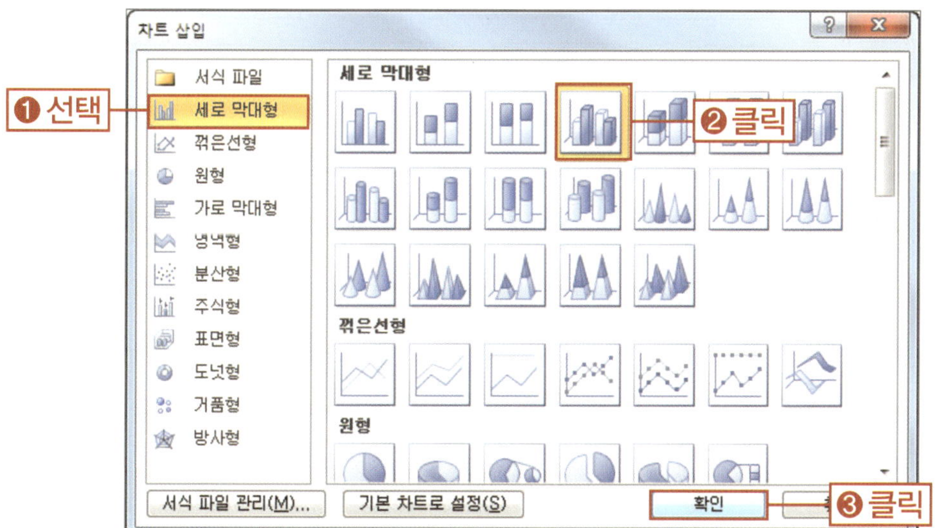

03 데이터 입력을 위해 엑셀 창이 나타나면 셀 안을 클릭해 다음과 같이 계열 값을 입력합니다.

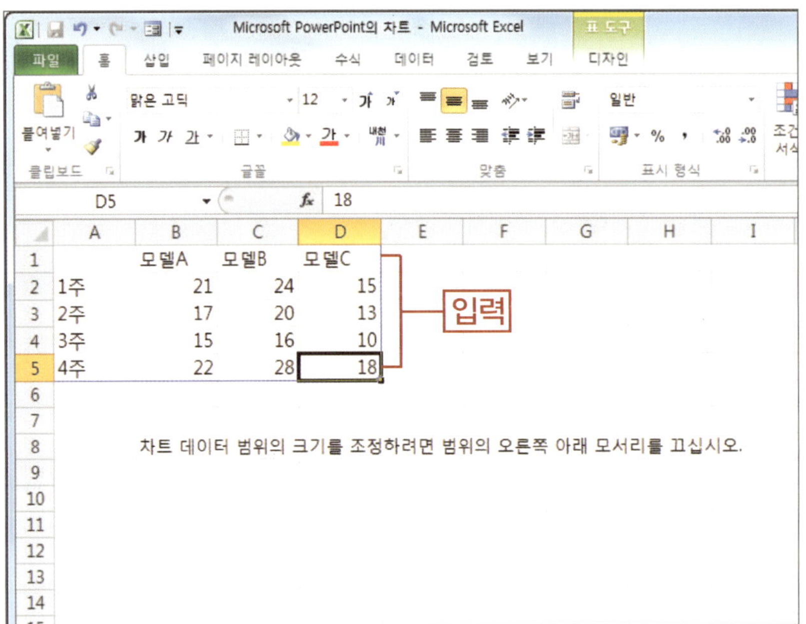

TIP 엑셀 창에서 입력된 데이터는 실시간으로 파워포인트 차트에 적용됩니다.

04 입력된 데이터 값에 맞춰 차트가 완성됩니다. 차트의 테두리 조절점을 드래그해 차트 크기를 조절합니다.

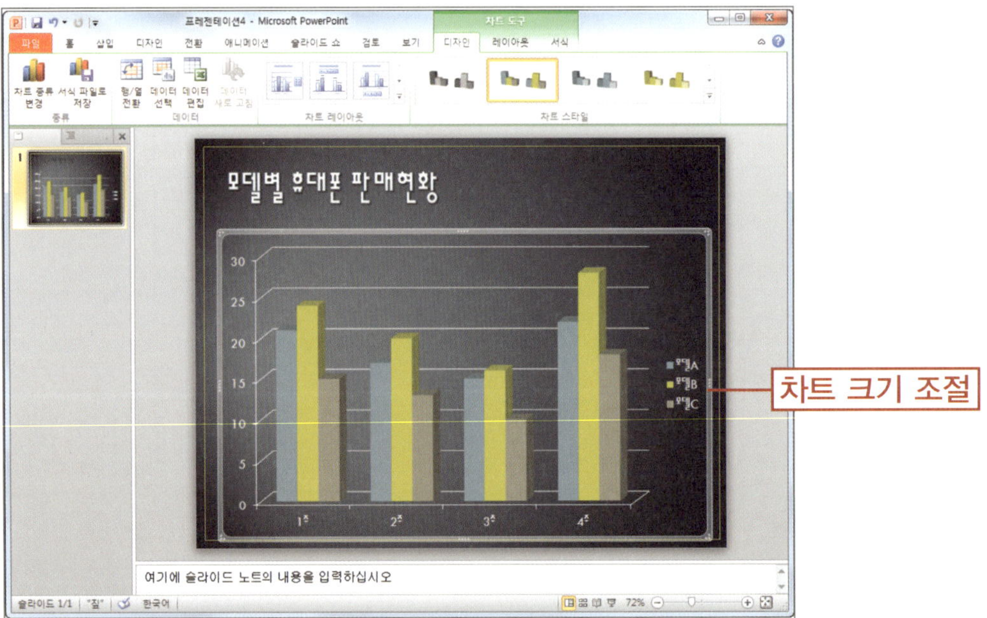

05 [차트 도구]–[디자인] 탭에서 차트 스타일 목록의 [자세히](⏷)를 클릭한 후 [스타일 26]을 선택해 적용합니다.

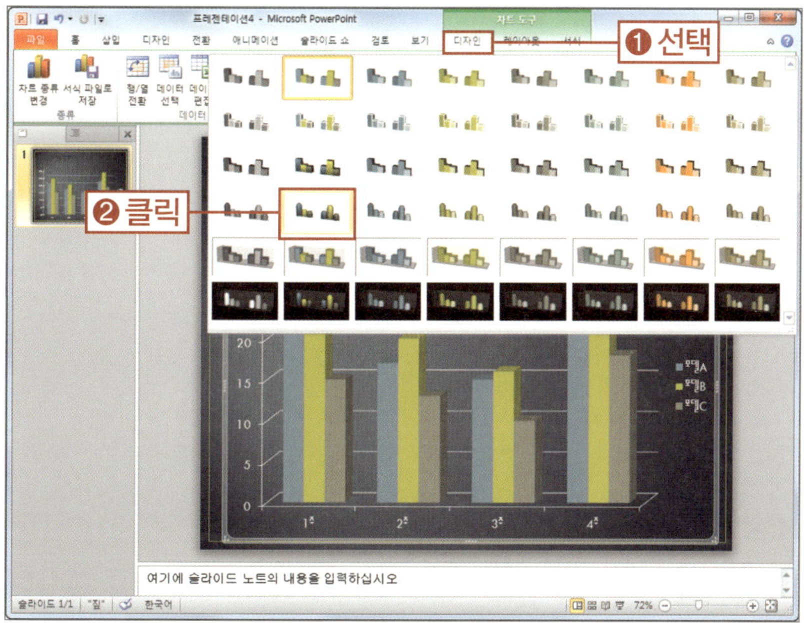

TIP [차트 레이아웃] 그룹에서 다른 레이아웃을 선택해 변경할 수도 있습니다.

06 '모델C' 계열 막대를 선택한 후 [차트 도구] 메뉴에서 [서식] 탭을 클릭합니다. 이후 [도형 채우기]–[황금색, 강조 5]를 선택해 막대의 색을 변경합니다.

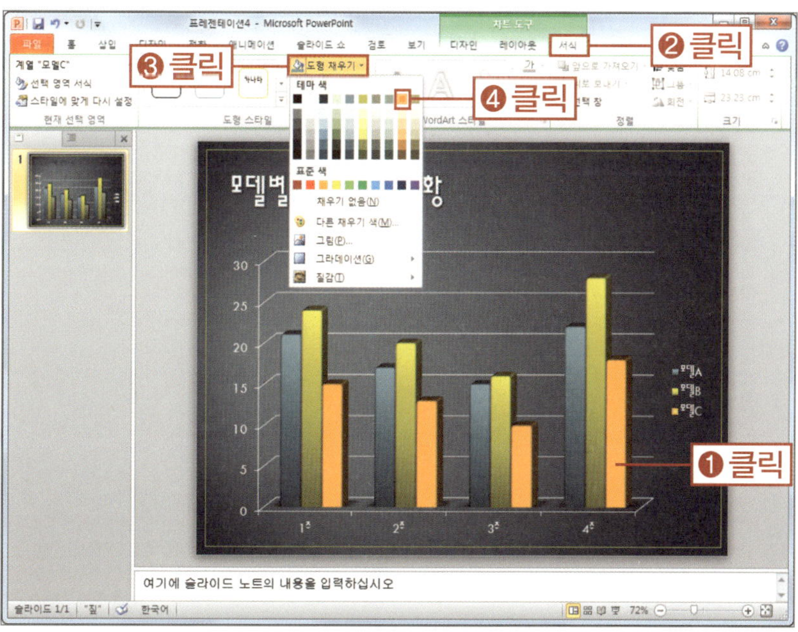

TIP 계열 막대를 하나만 선택해도 전체 선택됩니다.

07 [차트 도구]–[레이아웃] 탭을 선택한 후 [3차원 회전]을 클릭합니다. [차트 영역 서식] 대화상자가 나타나면 [회전]에서 [X]를 '50°', [Y]를 '30°'으로 입력한 후 [닫기]를 클릭합니다.

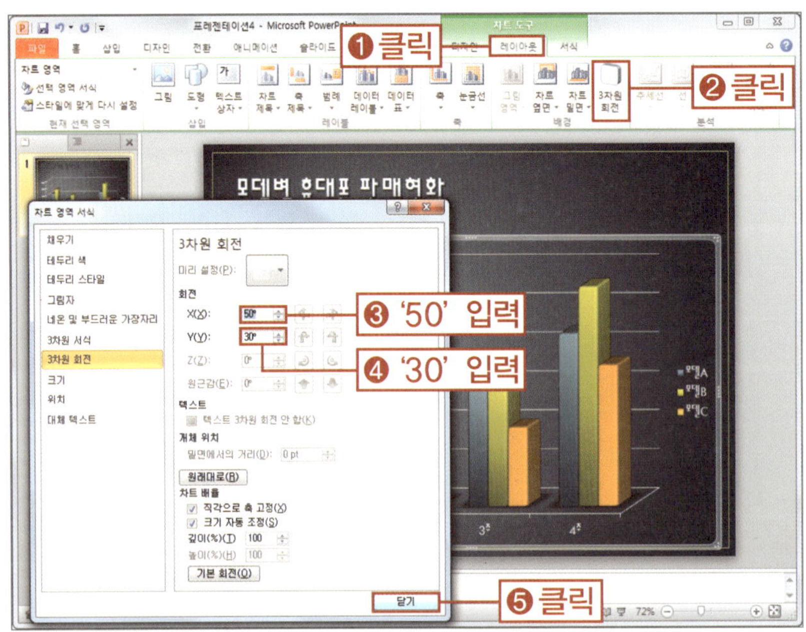

08 [차트 도구]–[레이아웃] 탭에서 [데이터 레이블]을 클릭하고 [표시]를 선택합니다.

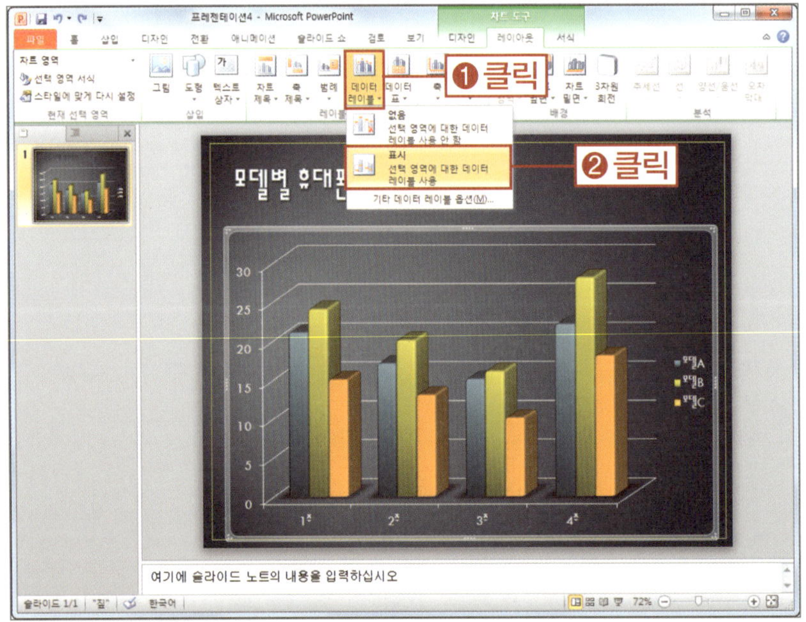

01 '13_음식별 판매 추이.pptx' 문서를 불러와 표식이 있는 꺾은선형 차트를 삽입하고 다음과 같이 설정해 보세요.

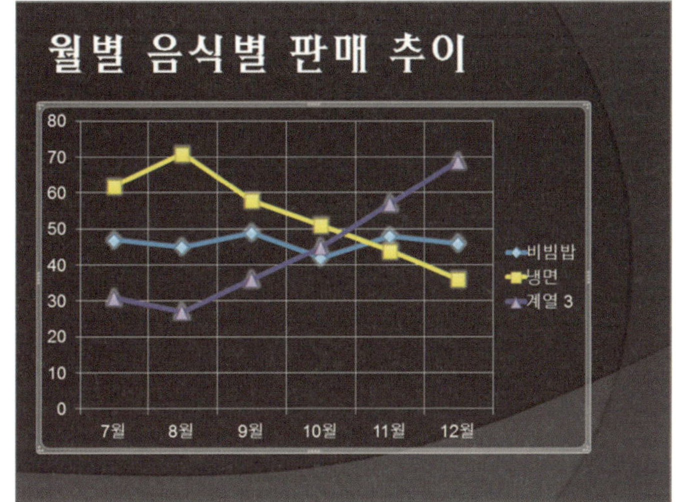

◢	A	B	C	D
1		비빔밥	냉면	칼국수
2	7월	47	62	31
3	8월	45	71	27
4	9월	49	58	36
5	10월	42	51	45
6	11월	48	44	57
7	12월	46	36	69

TIP [삽입]-[차트] 클릭한 후 [꺾은선형] 선택→[표식이 있는 꺾은선형] 삽입→차트 데이터 입력→ [차트 도구]-[디자인] 탭의 차트 스타일 목록에서 [스타일 26] 선택→[차트 도구]-[레이아웃]- [눈금선] 클릭한 후 [기본 세로 눈금선]-[주 눈금선] 지정

02 '13_소비자 선호도.pptx' 문서를 불러와 3차원 원형 차트를 삽입하고 다음과 같이 설정해 보세요.

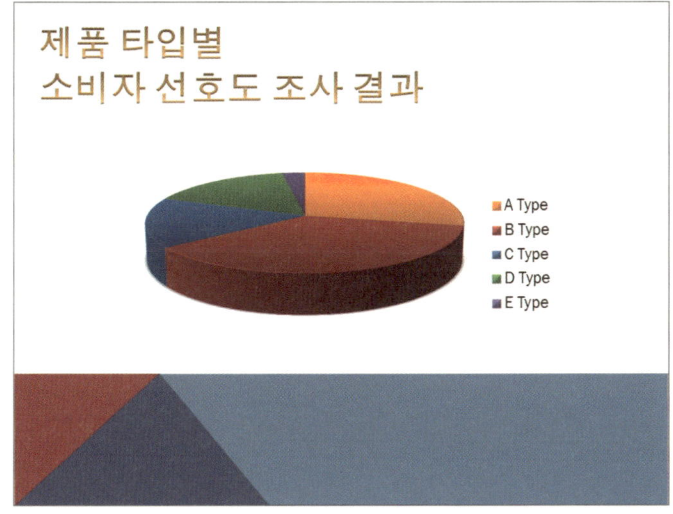

◢	A	B
1		계열 1
2	A Type	53
3	B Type	69
4	C Type	30
5	D Type	31
6	E Type	5

TIP [삽입]-[차트] 클릭한 후 [원형] 선택→[3차원 원형] 삽입→차트 데이터 입력→[차트 도구]-[디 자인] 탭의 차트 스타일 목록에서 [스타일 26]→ 차트 레이아웃 목록에서 [레이아웃7] 선택→크 기 및 위치 조정→[차트 도구]-[레이아웃] 탭에서 [3차원 회전]-[Y] : 20° 지정

14 화면 전환 효과와 애니메이션 효과 넣기

파워포인트는 보다 생동감 있는 슬라이드 쇼를 위해 다양한 효과를 제공합니다. 다음 슬라이드로 화면이 전환될 때 움직임이나 소리를 삽입해 이목을 집중할 수 있으며, 슬라이드 안의 텍스트, 그림 등의 개체가 움직이도록 애니메이션 효과를 설정할 수도 있습니다. 슬라이드 안에 화면 전환과 애니메이션 효과를 지정해 봅니다.

ㅣ이런 걸 배워요!ㅣ 화면 전환 효과 지정, 애니메이션 효과 지정

미리보기

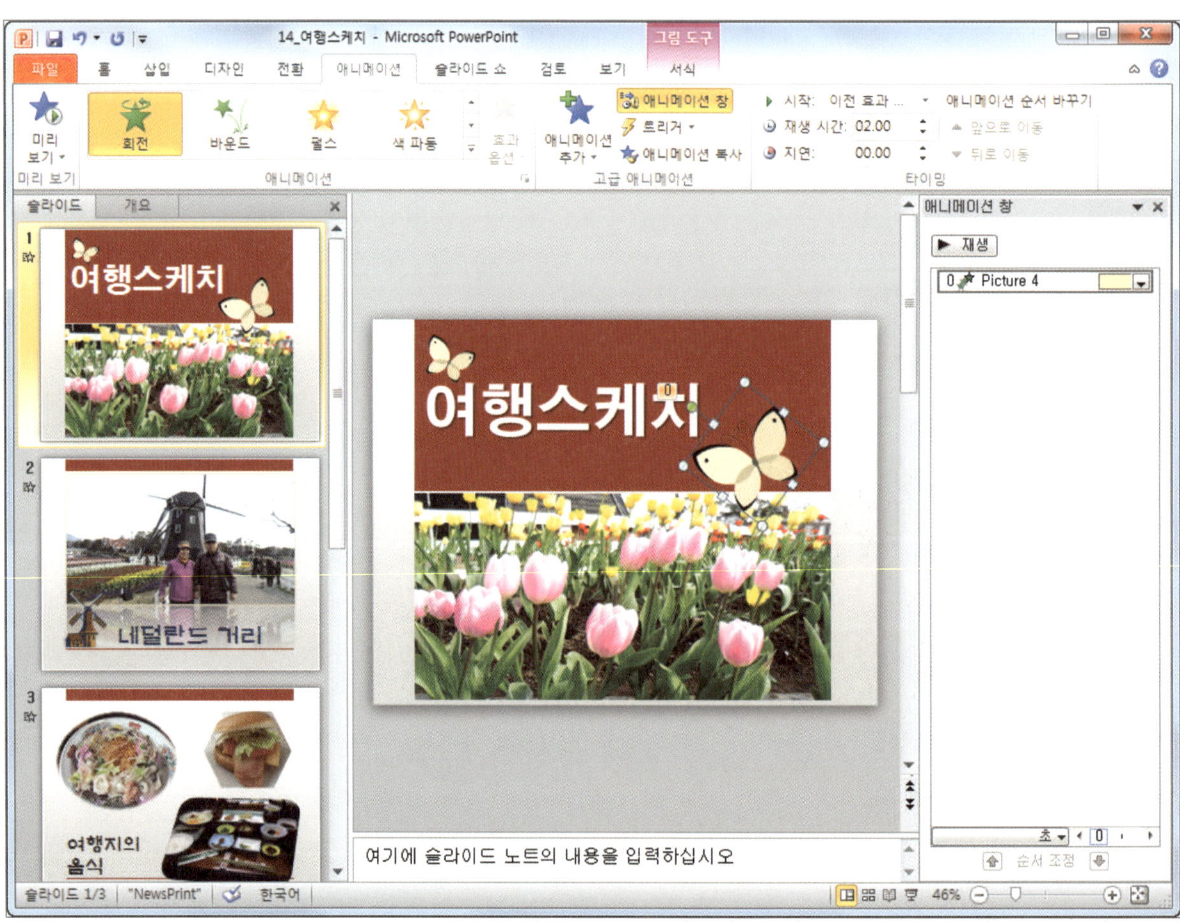

01 예제 및 완성 파일 폴더에서 '14_여행스케치.pptx' 문서를 불러옵니다. [전환] 탭으로 이동해 슬라이드 화면 전환의 [자세히](▼)를 클릭한 후 화려한 효과 목록에서 [벌집형]을 선택합니다.

02 '슬라이드 2'를 클릭한 후 슬라이드 화면 전환의 [자세히](▼)를 클릭합니다. 동적 콘텐츠 목록에서 [컨베이어] 전환 효과를 선택하고 [기간]에 '02.25'를 입력하여 화면 전환 속도를 설정합니다.

03 [효과 옵션]을 클릭한 후 [왼쪽에서]를 선택합니다.

04 이번에는 '슬라이드 3'을 클릭한 후 슬라이드 화면 전환 메뉴의 동적 콘텐츠 목록에서 [회전] 전환 효과를 선택합니다.

05 [애니메이션] 탭으로 이동한 후 '슬라이드 1'을 클릭하고 나비를 선택합니다. 애니메이션 목록에서 [자세히](▼)를 클릭한 후 나타내기 목록의 [회전]을 선택해 적용합니다.

06 [애니메이션] 탭에서 [애니메이션 창]을 클릭해 작업 창을 열고 [시작]의 목록 단추(▼)를 클릭한 후 [이전 효과 다음에]를 선택합니다.

TIP [애니메이션 창]에는 현재 슬라이드에 지정된 애니메이션 효과가 순서대로 표시되며, 지정된 효과를 삭제하거나 변경할 수 있습니다.

07 '슬라이드 2'를 클릭하고 사진을 선택합니다. 애니메이션 목록의 [자세히](▾)를 클릭한 후 [나타내기]–[날아오기]를 선택합니다. 이후 [효과 옵션]에서 [오른쪽에서]를 클릭합니다.

08 '슬라이드 3'을 클릭한 후 텍스트 상자를 선택합니다. 이후 애니메이션 목록에서 [강조]–[물결]을 선택하고 [시작]에서 [이전 효과와 함께]를 선택합니다.

TIP [재생]을 클릭하면 현재 슬라이드에서 지정된 애니메이션 효과가 순서대로 재생됩니다.

09 [Shift]를 누른 채 세 개의 사진을 순서대로 클릭해 모두 선택합니다. 이후 애니메이션 목록에서 [나타내기]–[시계 방향 회전] 애니메이션을 선택합니다.

10 [슬라이드] 탭에서 [처음부터]를 선택하거나 단축키인 [F5]를 눌러 슬라이드 쇼를 시작합니다. 마우스를 클릭해가며 슬라이드 쇼를 진행합니다.

01 '14_수목원.pptx' 문서를 열고 '슬라이드 1'에서 [소용돌이] 화면 전환 효과를 적용한 후 그림에 [날아오기] 애니메이션 효과를 지정해 보세요.

HINT '14_수목원' 문서 열기→[전환] 탭의 슬라이드 화면 전환 목록에서 [소용돌이] 선택→[애니메이션] 탭 클릭한 후 그림 선택→애니메이션 목록에서 [날아오기] 지정

02 '슬라이드 2'에서 [날기] 화면 전환 효과를 [01.50]의 기간으로 지정한 후 오른쪽 그림에 [날아오기](오른쪽 위에서, 이전 효과 다음에) 애니메이션 효과를 지정해 보세요.

HINT '슬라이드 2' 클릭→[전환] 탭의 슬라이도 화면 전환 목록에서 [날기] 효과 선택, [기간]을 [01.50]으로 지정→[애니메이션] 탭 클릭하고 애니메이션 목록에서 오른쪽 그림 선택 후 [날아오기] 선택, [효과 옵션]은 [오른쪽 위에서] 선택→[시작]에서 [이전 효과 다음에]로 지정

15 하이퍼링크로 슬라이드 연결하기

하이퍼링크란 슬라이드 안의 특정 내용을 다른 슬라이드 또는 다른 문서, 다른 웹 페이지 등과 연결시키는 기능을 말합니다. 슬라이드 도중 특정 페이지로 이동해 참조해야 할 경우에 텍스트나 도형, 그림 등에 하이퍼링크를 만들어 놓으면 손쉽게 이동할 수 있습니다. 하이퍼링크 기능을 알아봅니다.

ㅣ이런 걸 배워요!ㅣ 문서 안에서 하이퍼링크 설정, 외부 문서와 하이퍼링크 설정

미리보기

01 예제 및 완성 파일 폴더에서 '15_과일샐러드.pptx' 문서를 불러옵니다.

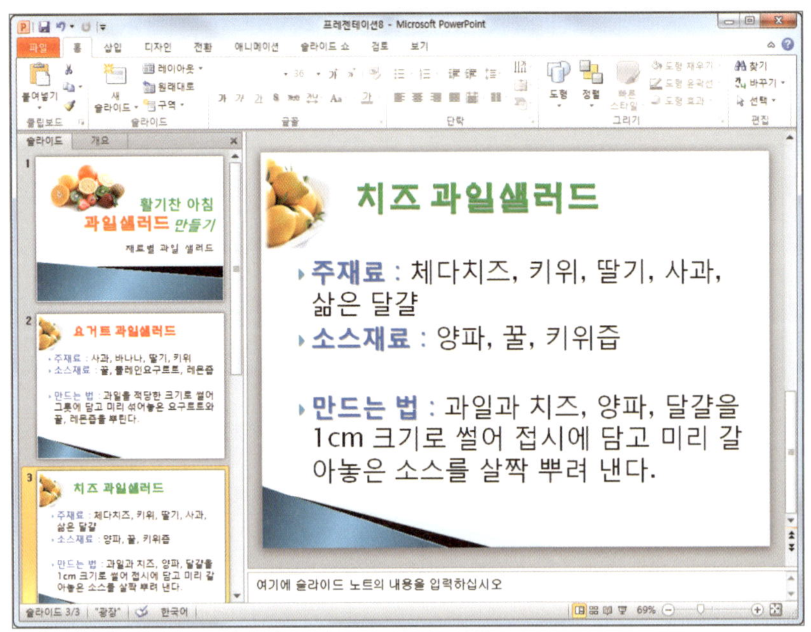

02 '슬라이드 2'를 클릭한 후 [삽입] 탭을 클릭합니다. 이후 [도형]을 선택하고 실행 단추 목록에서 [실행 단추:앞으로 또는 다음](▷)을 클릭합니다.

03 제목 옆에 드래그해 단추를 삽입한 후 [실행 설정] 대화상자가 나타나면 [확인]을 클릭합니다.

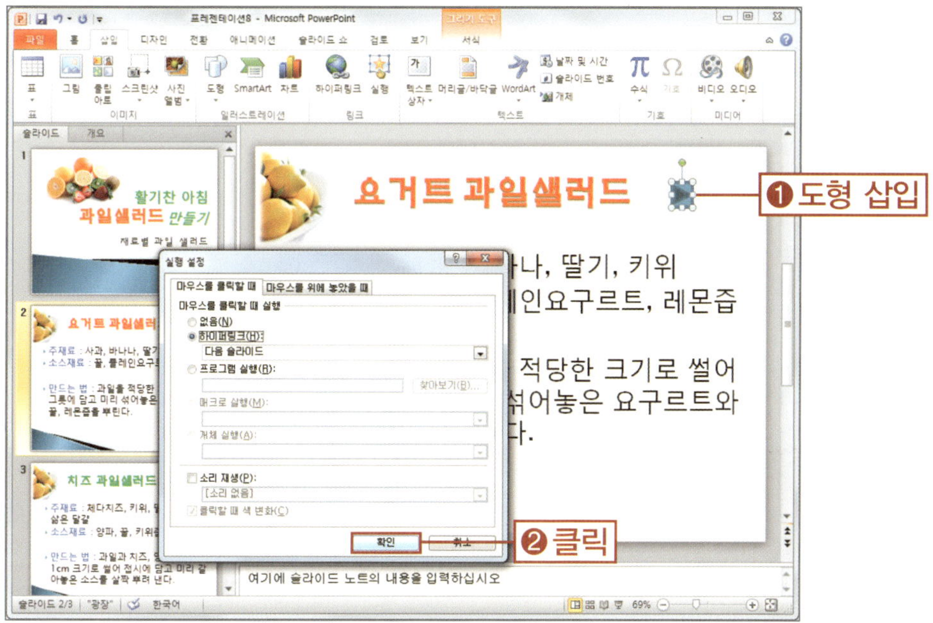

04 '슬라이드 3'을 클릭한 후 [삽입] 탭의 [도형]-[실행 단추:홈](🏠)을 클릭합니다. 제목 옆에 드래그해 단추를 삽입한 후 [실행 설정] 대화상자가 나타나면 [확인]을 클릭합니다.

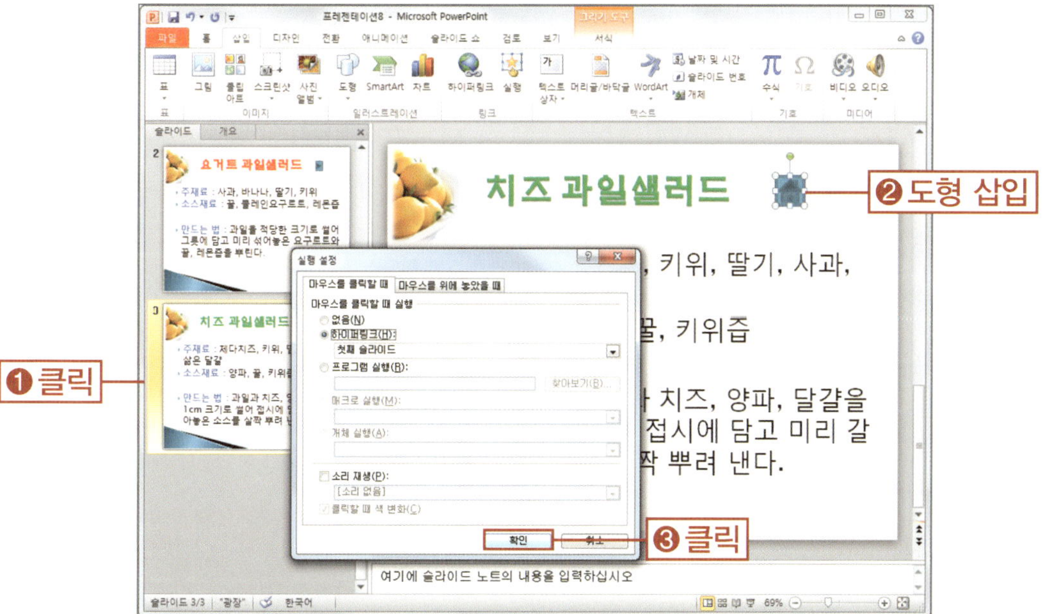

05 '슬라이드 1'을 클릭합니다. [삽입] 탭에서 [가로 텍스트 상자 그리기](가)를 클릭한 후 슬라이드 하단을 드래그해 텍스트 상자를 삽입합니다. 이후 내용을 입력합니다.

06 텍스트 상자가 선택된 상태에서 [삽입] 탭을 클릭하고 [하이퍼링크]를 클릭합니다. [하이퍼링크 삽입] 대화상자가 나타나면 [찾는 위치]에서 예제 문서가 있는 폴더를 선택합니다. 목록에서 '10_지역동호회'를 선택한 후 [확인]을 클릭합니다.

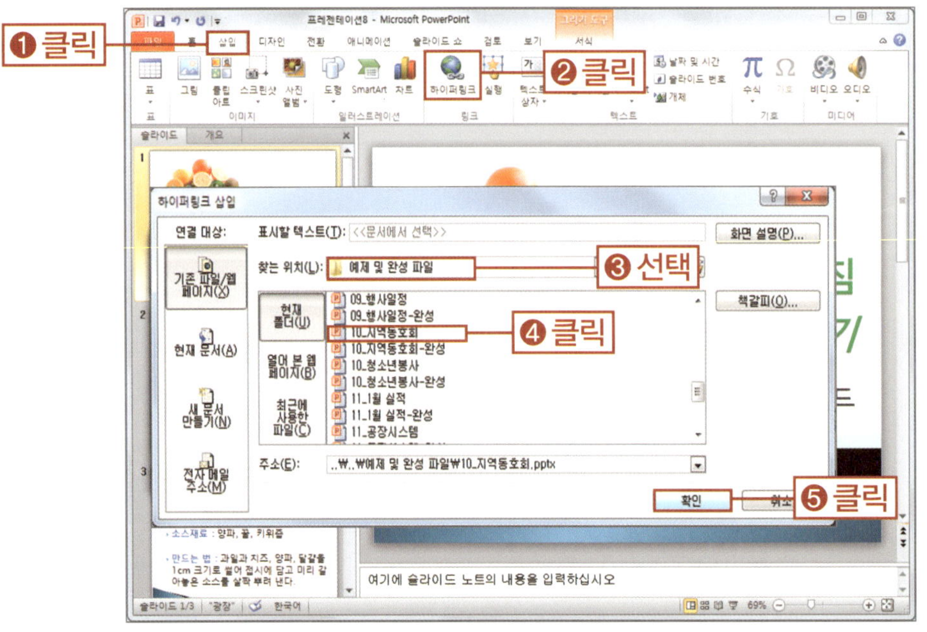

TIP 앞에서 작성했던 '10_지역동호회' 문서와 연결하도록 합니다.

07 결과를 확인해보기 위해 [슬라이드 쇼] 탭을 클릭한 후 [처음부터]를 클릭합니다. '슬라이드 2'에서 링크 단추를 클릭해 '슬라이드 3'으로 이동합니다. 다시 '슬라이드 3'에서 링크 단추를 클릭해 홈(슬라이드 1)으로 이동합니다.

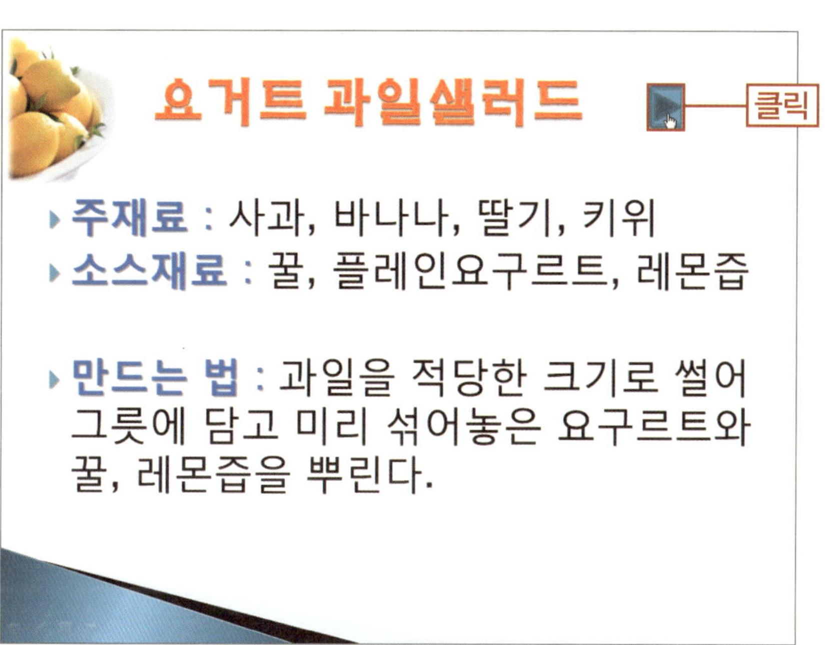

TIP 하이퍼링크가 지정된 단추와 텍스트 상자에 마우스 포인터를 올리면 손 모양이 됩니다. 이때 클릭하면 연결된 페이지 또는 문서로 연결됩니다.

08 아래쪽 텍스트 상자를 클릭해 지정한 문서로 연결되는 지 확인합니다.

01 '15_전통 문화.pptx' 문서와 '15_웰빙 전통음식.pptx' 문서를 불러옵니다.

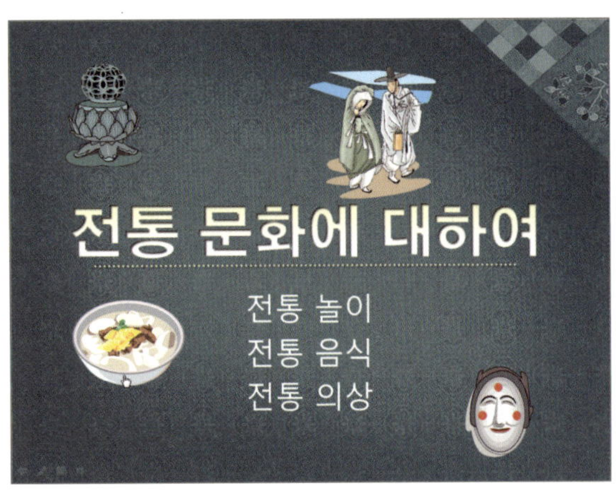

02 '15_전통 문화.pptx' 문서에서 떡국 그림을 클릭했을 때 '15_웰빙 전통음식.pptx' 문서로 연결되도록 하이퍼링크를 지정해 보세요.

> **HINT** '15_전통 문화' 문서에서 떡국 그림 선택→[삽입] 탭에서 [하이퍼링크] 클릭→대회상자 지정([파일명: 15_웰빙 전통음식])→[슬라이드 쇼] 탭을 클릭한 후 [현재 슬라이드부터] 클릭→떡국 그림 클릭

03 '15_웰빙 전통음식.pptx' 문서에서 노리개 그림을 '15_전통 문화.pptx' 문서로 연결되도록 하이퍼링크를 지정해 보세요.

> **HINT** '15_웰빙 전통음식' 문서에서 노리개 그림 선택→[삽입] 탭에서 [하이퍼링크] 클릭→대회상자 지정([파일명: 15_전통 문화])→[슬라이드 쇼] 탭을 클릭한 후 [현재 슬라이드부터] 클릭→노리개 그림 클릭

눈이 편한 **파워포인트 2010**

1판 1쇄 발행_ 2014년 4월 30일
1판 6쇄 발행_ 2019년 7월 12일

저　　자 • 김미영
발 행 인 • 김길수
발 행 처 • (주)영진닷컴
주　　소 • 서울시 가산디지털2로 123 월드메르디앙벤처센터2차 10층 1016호
출판등록 • 2007. 4. 27 제 16-4189호

ⓒ2014., 2019. (주)영진닷컴
ISBN 978-89-314-4615-9

http://www.youngjin.com